श्रीगायत्री सहस्रनाम

Śrī Gāyatrī
Thousand Names

By
स्वामी सत्यानन्द् सरस्वती
Swami Satyananda Saraswati

Published By
Devi Mandir Publications

श्रीगायत्री सहस्रनाम

Śrī Gāyatrī Thousand Names

5950 Highway 128
Napa, CA 94558 USA
Communications: Phone and Fax 1-707-966-2802
E-Mail swamiji@shreemaa.org
Please visit us on the World Wide Web at
http://www.shreemaa.org

ISBN 1-877795-57-7
Library of Congress Catalog Control Number: 2003097862

श्रीगायत्री सहस्रनाम

Śrī Gāyatrī Thousand Names, Swami Satyananda Saraswati
1. Hindu Religion. 2. Worship. 3. Spirituality.
4. Philosophy. I. Saraswati, Swami Satyananda;

Introduction

Viśvarāth Conquers India

There was once a great King named Ghade who had a tremendous dominion and was a very righteous and dharmic King. Ghade had a very noble son whose name was Viśvarāth. When Viśvarāth grew up to a suitable age, the King Ghade said, "Son, I have decided to retire to the forest to practice tapasya for the rest of my days. Please take over the responsibilities of maintaining and protecting this kingdom. I am going to devote the rest of my life to spiritual discipline."

Viśvarāth answered, "Father, the first duty of a son is to fulfill the desires of his father, and in every way possible assist the father in attaining emancipation. Therefore, if it be your wish that I take over the kingdom, I have nothing further to say. But please discuss this matter with our gurus and your ministers. Present this matter before the people, and let them determine whether or not they want me to be their King."

Ghade thought, "What a noble son I have."

He called the gurus of the land, the Brahmiṇs and representatives of the people of his kingdom and said, "I wish to devote myself to the path of self-realization during my last years on earth. I have decided to retire to the forest and lead a life of asceticism, where I can practice meditation and contemplate a religious life free from the responsibilities of being a king. I have determined that my son, Viśvarāth, shall become the King in my place."

And all the people assembled, everyone, shouted, "Viśvarāth, Ki Jai! What a noble King we have! What a great example we have! What a wonderful son we will have as a ruler!" The people unanimously acknowledged Viśvarāth as the King of their country. Ghade retired to the forest with his queen and there began to practice tapasya.

After some time, Viśvarāth began to think, "A King of the warrior class is successful only insofar as he can expand the frontiers of his kingdom. It is not just sufficient that I have received this nation as an inheritance from my father, who built it for me. Shall I pass the same thing on to my children? I must add to the inheritance that I have received from my ancestors. Only then can I pass on my legacy to my own sons."

He called together all the learned and wise men of his kingdom and said, "I have decided to go to war and expand the borders of my kingdom."

All the gurus and sannyāsis, the Brahmiṇs and sādhus, unanimously said, "King, please don't do that! We are healthy, wealthy, and living at peace. We have abundance. Why will you go to war? If you take all the men from the fields to be soldiers in your army, who will harvest the crops?"

Viśvarāth didn't listen. He said, "My dharma as a kṣatriya King is to fight. I must fight and fulfill my dharma. What kind of fame and glory will I receive if I only take my father's inheritance and pass it down to my children? No one will remember that act. Only if I increase my family's wealth, valor and fame, will I be remembered. Take all the farmers and conscript them into the army. Be prepared to march off to war!"

By orders of the King, all the male citizens were conscripted into the army and trained for war. Viśvarāth marched off in conquest. In a short time he subjugated all the neighboring kingdoms and moved across the empire to conquer all of India. Victory after victory, he marched forward until no one knew the limits of his kingdom. Only after taking tribute from many Kings and taking the crowns from the heads of many princes, he was satisfied, and then he turned around and headed towards home.

Vasiṣṭha's Cow

He had been marching towards his home for several days, and his troops had grown tired and hungry. When he came to the hermitage of Vasiṣṭha Muni, Vasiṣṭha was very pleased to hear that Viśvarāth, the King, had come to visit his aśrama. He sent sannyāsis and brahmācharis to meet the King and escort him to the hermitage with respect and honor.

Vasiṣṭha said, "My King, will you please be my guest for supper?"

Viśvarāth replied, "I have a tremendous army along with me. How is it possible that the King will feast while his soldiers go hungry?"

Vasiṣṭha said, "No, no! That is not possible! I invite you all. Please allow me the privilege of extending my hospitality to you all."

Viśvarāth was happy to accept Vasiṣṭha's invitation. Vasiṣṭha went to his cow, Nandi. He said, "Nandi, we have visitors today. The King has come along with his entire army. Let's offer them the hospitality of Brahmiṇs."

Nandi opened her mouth and out came sumptuous meals, pots full of food. Vasiṣṭha squeezed her udders, and the milk poured into buckets, from which came curd and ghee, which produced many dishes and sweets. Many things were made from Nandi's milk. All of the soldiers of the tremendous army sat down to eat, and if a soldier wanted any particular dish to eat, the order was given to Nandi, and immediately that food came forth. They were the most sumptuous, luscious, epicurean delights that anyone could possibly imagine.

Viśvarāth was amazed. "What wonderful meals you have prepared, Vasiṣṭha! How could you feed so many people?"

Vasiṣṭha said, "It is my sacred cow, Nandi."

"What an amazing cow you have, Vasiṣṭha. I think that Nandi is the Kāmadhenu, the cow which gives satiation and fulfillment of all desires."

"Yes, in fact she is," agreed Vasiṣṭha.

Viśvarāth was very pleased, and he bowed down to the Guru Vasiṣṭha, and returned with his army to the kingdom. As he marched into his kingdom, he saw all the lands were barren. He looked at the long, drawn expressions on his citizens' faces and he saw that they had been living in abject poverty. He rode as a victorious King right through the main streets of the capital, yet no one had the energy to welcome him. When he arrived at the palace, his ministers came to greet him.

"What happened to my kingdom?" asked Viśvarāth. "There is no one here to greet us or shout for the homecoming of their victorious King? What kind of subjects are these? What has happened here?"

The ministers replied, "Your Highness, when you took all the men to fight in your wars, there was nobody here to harvest the crops. Who was here to tend the fields? Your subjects are starving. What will we do with all this gold that you brought? Can we eat it?"

The King thought, "What should be done now? How can we feed all the citizens?" Then he remembered the sumptuous meals he had received at Vasiṣṭha's aśrama. At once he made the decision to return to the aśrama and to bring the cow, Nandi, to his capital.

Immediately he proceeded to Vasiṣṭha's aśrama and said, "Vasiṣṭha, please give me your cow."

Vasiṣṭha said, "King, I can't give you my cow. That is Nandi. I make all of my yajñas from her ghee. She is a member of my family."

Viśvarāth said, "Vasiṣṭha, I'll give you a hundred cows. Give me that cow."

Vasiṣṭha said, "King, I am sorry. You keep your hundred cows. That is my Nandi. I can't give you my cow."

Viśvarāth said, "All right, Vasiṣṭha, I'll give you a thousand cows. Give me that cow."

Vasiṣṭha said, "Oh King, you keep your thousand cows. That is my Nandi. I make all of my yajñas from the ghee prepared from her milk. I am not going to give you this cow."

Viśvarāth said, "I need that cow, and if you don't give me that cow right now, I am going to take the cow by force."

Vasiṣṭha said, "You can try to take the cow by

force, if you like to try to steal from a Brahmiṇ. But King, I am not going to give you the cow."

Viśvarāth said, "Captain of the Guard, put a rope around that cow's neck and bring her to my capital!"

The Captain of the Guard called his soldiers, "Soldiers, put a rope around that cow's neck and take her to the capital!"

The soldiers went as ordered and put a rope around Nandi's neck and began to pull on it. The cow said, "Vasiṣṭha, did you give me to that King?"

And Vasiṣṭha replied, "No."

"Then why are these soldiers putting a rope around my neck and trying to drag me away?"

"Nandi, I never told them they could do that. I never agreed to let you go, not by force and not by price."

"You didn't?"

"No!"

Suddenly Nandi bellowed, "Aaahhh!" And from her mouth came forth legions of soldiers, heavily armed, and they started to run to attack the King's army. The King's army began to fight, but all of his soldiers were defeated. The entire army was lost. Then Nandi's soldiers went after Viśvarāth. He ran! The soldiers ran after him with their weapons ready to strike. He ran all across the continent, with the soldiers running right behind. He ran and ran in flight, but the soldiers kept running behind. He ran in a circle and came back to the aśrama of Vasiṣṭha, where he fell at Vasiṣṭha's feet and cried, "SAVE ME! I take refuge in you. Please spare my life. I realize that the power of kṣatriya kings and warriors is nothing in comparison to the power of a Brahmiṇ. If you are gracious to me and spare my life, I will go to the forest to practice tapasya. I, too, shall become a Brahmā Ṛṣi!"

Vasiṣṭha said, "Okay, I spare you. Go perform your tapasya, and see what you realize within yourself."

Viśvarāth bowed to the Brahmiṇ Vasiṣṭha. He shed his armor and his weapons and put on the dress of a hermit, and went into the forest to begin the practice of austerities.

Viśvarāth Becomes Viśvāmitra

So Viśvarāth began his tapasya. He sat absorbed in deep meditation for long periods of time. When he sat in the deepest meditation, he sent out such a strong vibration that three goddesses came: Mahākālī, Mahālakṣmī, and Mahāsaraswatī. Each put forth their essence, the essences of the wisdom which they embody. Those essences of wisdom united and manifested as Gāya - The Song of Wisdom; trī - three; Gāyatrī, the embodiment of the song of the three forms of Wisdom: Creation, Preservation and Transformation, or Sattva guṇa, Tama guṇa, and Raja guṇa. This essence of wisdom became a Goddess known as Gāyatrī. She came to Viśvarāth in his meditation and blessed him, and She revealed to him the mantra of Gāyatrī:

"Oṁ Bhūr Bhuvaḥ Svaḥ Tat Savitur Vareṇyam Bhargo Devasya Dhīmahi Dhiyo Yo Naḥ Pracodayāt."

Oṁ - The Infinite beyond conception
Bhūr - The gross body of sensory perception
Bhuvaḥ - The subtle body of internal mental conception
Svaḥ - The causal body of intuitive recognition
Tat - That
Savitur - Light of Wisdom
Vareṇyam - Highest
Bhargo - Wealth
Devasya - Of the Gods
Dhīmahi - We meditate upon
Dhiyo Yo Naḥ - Give to us
Pracodayāt - Increase, literally, rising up.

Viśvarāth began to meditate upon this mantra and to recite the mantra again and again. Gāyatrī came to Viśvarāth in his meditation and said, "Viśvarāth, the chariot of the universe, I give you a new name according to your new character. Because you have brought this new realization to mankind, you have acted as a friend. Therefore, I give you the name 'Viśvāmitra,' Friend of the Universe."

So Viśvarāth became Viśvāmitra. He continued his tapasya and his meditation, and he became a Rāja Ṛṣi; a seer amongst kings. Through more purification he became a Deva Ṛṣi, a seer amongst the Gods. He continued to perform this tapasya for many, many years until his strength and will power were of unswerving condition. He could not be moved. He was completely absorbed in his sādhana and tapasya, and still he continued to meditate...

Gāyatrī is a Goddess. She is a meter, 24 syllables to the verse. She is a divine attitude: the incessant, relentless pursuit of wisdom. Gāyatrī is the vibration with which we greet the rising sun of the morning, and therefore She signifies beginnings. She became ubiquitous throughout Vedic literature as the feminine form of divinity, the female expression of the light of the Sun, the Light of Wisdom, the continuous prayer for greater wisdom applied to every circumstance.

The Gāyatrī mantra became the mūla mantra, the root mantra, the primary knowledge, of all of the Sanātan Dharma, all of Hinduism. The highest excellence to which man can aspire is the prayer for greater wisdom in every circumstance of life. In every prayer during rites of transition, the Gāyatrī mantra is preeminent. There is no circumstance in life where it is inappropriate to pray for greater wisdom.

And as Viśvāmitra, the Friend of the Universe, continued to meditate, he found Her name was synonymous with all divinity. He found that She had not only one name, but thousands of names. Upon request, in the Sixth Chapter of the Twelfth Book of the Devī Bhāgavat Mahāpurāṇa, Brahmā revealed a thousand names, which have become famous as the Gāyatrī Sahasranāma Stotram.

This piece is epic for a number of reasons. First, it is an invocation of the Divine Mother, and therefore, it is worthy upon its face. Second, the names have such depth of meaning that they extol the spiritual qualities that every seeker of every tradition will want to inculcate in order to become one with the divine.

As if this was not enough, more incredibly the names are in alphabetical order. And if that was not a sufficient achievement, the poetry maintains consistent meter throughout, meaning that no matter how many syllables are in each name in alphabetical order, the number of syllables of each line of Sanskṛt remains constant.

We cannot even think of the linguistic possibilities in English. Here we have the most succinct philosophies, the most subtle ethics, the ideals of spiritual perfection, expressed in alphabetical order, with rhymes and musical tones in harmonic convergence, and rhythms in orders of mathematical perfection, all in one composition; and this composition is a part of a greater work, an anthology of Hindu Dharma pertaining to the Divine Mother, consisting of eighteen thousand verses! One has to bow in awe and reverence at the majesty of thought presented by the ṛṣis!

It is with this inspiration that I humbly submit these thousand names of the Goddess, both as the *Gāyatrī Sahasranāma Stotram*, to the Divine Mother, meant to be sung, and as the list of names or *Nāmāvalī*, for offering to the homa fire, for the edification of Her devotees, with the prayer that they continually increase their devotion and understanding in every generation to come.

Swami Satyananda Saraswati, Devi Mandir, 2003

Acknowledgements

This book was a team effort, and I want to thank all the players who were involved. Of course, the first is Shree Maa, who inspired the team. Sushil Choudhury helped with the translation. As we drove across the United States in 2001, we found a lot of free time to discuss and debate this English rendition.

Swami Vittalananda Saraswati typed the Devanagri, and Seema Datta and Saradananda the phonetic Roman transliteration. Nandu Maharaja did the cover art, and the entire Devi Mandir Family helped with editing.

Thanks to the all the friends of the Devi Mandir, who help to share the dharma in so many ways with devotees of the Divine Mother all around the world.

देवता प्रणाम्
devatā praṇām

श्रीमन्महागणाधिपतये नमः
śrīmanmahāgaṇādhipataye namaḥ
We bow to the Respected Great Lord of Wisdom.

लक्ष्मीनारायणाभ्यां नमः
lakṣmīnārāyaṇābhyāṁ namaḥ
We bow to Lakṣmī and Nārāyaṇa, The Goal of all Existence and the Perceiver of All.

उमामहेश्वराभ्यां नमः
umāmaheśvarābhyāṁ namaḥ
We bow to Umā and Maheśvara, She who protects existence, and the Great Consciousness or Seer of All.

वाणीहिरण्यगर्भाभ्यां नमः
vāṇīhiraṇyagarbhābhyāṁ namaḥ
We bow to Vāṇī and Hiraṇyagarbha, Sarasvatī and Brahmā, who create the cosmic existence.

शचीपुरन्दराभ्यां नमः
śacīpurandarābhyāṁ namaḥ
We bow to Śacī and Purandara, Indra and his wife, who preside over all that is divine.

मातापितृभ्यां नमः
mātāpitṛbhyāṁ namaḥ
We bow to the Mothers and Fathers.

इष्टदेवताभ्यो नमः

iṣṭadevatābhyo namaḥ
We bow to the chosen deity of worship.

कुलदेवताभ्यो नमः

kuladevatābhyo namaḥ
We bow to the family deity of worship.

ग्रामदेवताभ्यो नमः

grāmadevatābhyo namaḥ
We bow to the village deity of worship.

वास्तुदेवताभ्यो नमः

vāstudevatābhyo namaḥ
We bow to the particular household deity of worship.

स्थानदेवताभ्यो नमः

sthānadevatābhyo namaḥ
We bow to the established deity of worship.

सर्वेभ्यो देवेभ्यो नमः

sarvebhyo devebhyo namaḥ
We bow to all the Gods.

सर्वेभ्यो ब्राह्मणेभ्यो नमः

sarvebhyo brāhmaṇebhyo namaḥ
We bow to all the Knowers of Divinity.

dhyānam

meditations

खड्गं चक्रगदेषुचापपरिघाञ्छूलं भुशुण्डीं शिरः
शङ्खं संदधतीं करैस्त्रिनयनां सर्वाङ्गभूषावृताम् ।
नीलाश्मद्युतिमास्यपाददशकां सेवे महाकालिकां
यामस्तौत्स्वपिते हरौ कमलजो हन्तुं मधुं कैटभम् ॥

khaḍgaṁ cakra gadeṣu cāpa
parighāñ chūlaṁ bhuśuṇḍīṁ śiraḥ
śaṅkhaṁ saṁdadhatīṁ karai
strinayanāṁ sarvāṅga bhūṣāvṛtām
nīlāś madyutimāsya pāda
daśakāṁ seve mahākālikāṁ
yāmastaut svapite harau
kamalajo hantuṁ madhuṁ kaiṭabham

Bearing in Her ten hands the sword of worship, the discus of revolving time, the club of articulation, the bow of determination, the iron bar of restraint, the pike of attention, the sling, the head of egotism and the conch of vibrations, She has three eyes and displays ornaments on all Her limbs. Shining like a blue gem, She has ten faces. I worship that Great Remover of Darkness whom the lotus-born Creative Capacity praised in order to slay Too Much and Too Little when the Supreme Consciousness was asleep.

अक्षस्रक्परशुं गदेषुकुलिशं पद्मं धनुः कुण्डिकां
दण्डं शक्तिमसिं च चर्म जलजं घण्टां सुराभाजनम् ।
शूलं पाशसुदर्शने च दधतीं हस्तैः प्रसन्नाननां
सेवे सैरिभमर्दिनीमिह महालक्ष्मीं सरोजस्थिताम् ॥

akṣasrak paraśuṁ gadeṣu
kuliśaṁ padmaṁ dhanuḥ kuṇḍikāṁ
daṇḍaṁ śaktīm asiṁ ca carma
jalajaṁ ghaṇṭāṁ surābhājanam
śūlaṁ pāśa sudarśane ca
dadhatīṁ hastaiḥ prasannānanāṁ
seve sairibha mardinī
miha mahālakṣmīṁ sarojasthitām

She with the beautiful face, the Destroyer of the Great Ego, is seated upon the lotus of Peace. In Her hands She holds the rosary of alphabets, the battle axe of good actions, the club of articulation, the arrow of speech, the thunderbolt of illumination, the lotus of peace, the bow of determination, the water-pot of purification, the staff of discipline, energy, the sword of worship, the shield of faith, the conch of vibrations, the bell of continuous tone, the wine cup of joy, the pike of concentration, the net of unity and the discus of revolving time named Excellent Intuitive Vision. I worship that Great Goddess of True Wealth.

घण्टाशूलहलानि शङ्खमुसले चक्रं धनुः सायकं
हस्ताब्जैर्दधतीं घनान्तविलसच्छीतांशुतुल्यप्रभाम् ।
गौरीदेहसमुद्भवां त्रिजगतामाधारभूतां महा-
पूर्वामत्र सरस्वतीमनुभजे शुम्भादिदैत्यार्दिनीम् ॥

ghaṇṭā śūla halāni śaṅkha
musale cakraṁ dhanuḥ sāyakaṁ
hastābjair dadhatīṁ ghanānta
vilasacchītāṁ śutulya prabhām
gaurīdeha samudbhavāṁ
trijagatām ādhārabhūtāṁ mahā-
pūrvāmatra sarasvatīm
anubhaje śumbhādi daityārdinīm

Bearing in Her lotus hands the bell of continuous tone, the pike of concentration, the plow sowing the seeds of the Way of Truth to Wisdom, the conch of vibrations, the pestle of refinement, the discus of revolving time, the bow of determination and the arrow of speech, whose radiance is like the moon in autumn, whose appearance is most beautiful, who is manifested from the body of She Who is Rays of Light, and is the support of the three worlds, I worship that Great Goddess of All-Pervading Knowledge, who destroyed Self-Conceit and other thoughts.

या चण्डी मधुकैटभादिदैत्यदलनी या माहिषोन्मूलिनी
या धूम्रेक्षणचण्डमुण्डमथनी या रक्तबीजाशनी ।
शक्तिः शुम्भनिशुम्भदैत्यदलनी या सिद्धिदात्री परा
सा देवी नवकोटीमूर्तिसहिता मां पातु विश्वेश्वरी ॥

yā caṇḍī madhukaiṭabhādidaityadalanī
yā māhiṣonmūlinī
yā dhūmrekṣaṇacaṇḍamuṇḍamathanī
yā raktabījāśanī
śaktiḥ śumbhaniśumbhadaityadalanī
yā siddhidātrī parā
sā devī navakoṭīmūrtisahitā māṁ pātu viśveśvarī

That Caṇḍī, who slays the negativities of Too Much and Too Little and other Thoughts; Who is the origin of the Great Ego, and the Destroyer of Sinful Eyes, Passion and Anger, and the Seed of Desire; the Energy that tears asunder Self-Conceit and Self-Deprecation, the Grantor of the highest attainment of perfection: may that Goddess who is represented by ninety million divine images, the Supreme Lord of the Universe, remain close and protect me.

ॐ अग्निर्ज्योतिर्ज्योतिरग्निः स्वाहा ।
सूर्यो ज्योतिर्ज्योतिः सूर्यः स्वाहा ।
अग्निर्वर्चो ज्योतिर्वर्चः स्वाहा ।
सूर्यो वर्चो ज्योतिर्वर्चः स्वाहा ।
ज्योतिः सूर्यः सूर्यो ज्योतिः स्वाहा ॥

oṁ agnir jyotir jyotir agniḥ svāhā
sūryo jyotir jyotiḥ sūryaḥ svāhā
agnir varco jyotir varcaḥ svāhā
sūryo varco jyotir varcaḥ svāhā
jyotiḥ sūryaḥ sūryo jyotiḥ svāhā

Oṁ The Divine Fire is the Light, and the Light is the Divine Fire; I am One with God! The Light of Wisdom is the Light, and the Light is the Light of Wisdom; I am One with God! The Divine Fire is the offering, and the Light is the Offering; I am One with God! The Light of Wisdom is the Offering, and the Light is the Light of Wisdom; I am One with God!

(wave light)

ॐ अग्निर्ज्योती रविर्ज्योतिश्चन्द्रो ज्योतिस्तथैव च ।
ज्योतिषामुत्तमो देवी दीपोऽयं प्रतिगृह्यताम् ॥
एष दीपः ॐ गं गायत्री देव्यै नमः

oṁ agnirjyotī ravirjyotiścandro jyotistathaiva ca
jyotiṣāmuttamo devī dīpo-yaṁ pratigṛhyatām
eṣa dīpaḥ oṁ gaṁ gāyatrī devyai namaḥ

Oṁ The Divine Fire is the Light, the Light of Wisdom is the Light, the Light of Devotion is the Light as well. The Light of the Highest Bliss, Oh Goddess, is in the Light that we offer, the Light that we request you to accept. With the offering of Light oṁ gaṁ gāyatrī devyai namaḥ.

(wave incense)

ॐ वनस्पतिरसोत्पन्नो गन्धात्ययी गन्ध उत्तमः ।
आघ्रेयः सर्वदेवानां धूपोऽयं प्रतिगृह्यताम् ॥
एष धूपः ॐ गं गायत्री देव्यै नमः

oṁ vanaspatirasotpanno
gandhātyayī gandha uttamaḥ
āghreyaḥ sarvadevānāṁ dhūpo-yaṁ pratigṛhyatām
eṣa dhūpaḥ oṁ gaṁ gāyatrī devyai namaḥ

Oṁ Spirit of the Forest, from you is produced the most excellent of scents. The scent most pleasing to all the Gods, that scent we request you to accept. With the offering of fragrant scent oṁ gaṁ gāyatrī devyai namaḥ.

ārātrikam

ॐ चन्द्रादित्यौ च धरणी विद्युदग्निस्तथैव च ।
त्वमेव सर्वज्योतीषिं आरात्रिकं प्रतिगृह्यताम् ॥
ॐ गं गायत्री देव्यै नमः आरात्रिकं समर्पयामि

oṁ candrādityau ca dharaṇī vidyudagnistathaiva ca
tvameva sarvajyotīṣiṁ ārātrikaṁ pratigṛhyatām
oṁ gaṁ gāyatrī devyai namaḥ ārātrikaṁ
samarpayāmi

Oṁ All knowing as the Moon, the Sun and the Divine Fire, you alone are all light, and this light we request you to accept. With the offering of light oṁ gaṁ gāyatrī devyai namaḥ.

ॐ पयः पृथिव्यां पय ओषधीषु
पयो दिव्यन्तरिक्षे पयो धाः ।
पयःस्वतीः प्रदिशः सन्तु मह्यम् ॥

oṁ payaḥ pṛthivyāṁ paya oṣadhīṣu
payo divyantarikṣe payo dhāḥ
payaḥsvatīḥ pradiśaḥ santu mahyam

Oṁ Earth is a reservoir of nectar, all vegetation is a reservoir of nectar, the divine atmosphere is a reservoir of nectar, and also above. May all perceptions shine forth with the sweet taste of nectar for us.

ॐ अग्निर्देवता वातो देवता सूर्यो देवता चन्द्रमा देवता वसवो देवता रुद्रो देवता ऽदित्या देवता मरुतो देवता विश्वे देवा देवता बृहस्पतिर्देवतेन्द्रो देवता वरुणो देवता ॥

oṁ agnirdevatā vāto devatā sūryo devatā candramā devatā vasavo devatā rudro devatā-dityā devatā maruto devatā viśve devā devatā bṛhaspatirdevatendro devatā varuṇo devatā

Oṁ The Divine Fire (Light of Purity) is the shining God, the Wind is the shining God, the Sun (Light of Wisdom) is the shining God, the Moon (Lord of Devotion) is the shining God, the Protectors of the Wealth are the shining Gods, the Relievers of Sufferings are the shining Gods, the Sons of the Light are the shining Gods; the Emancipated seers (Maruts) are the shining Gods, the Universal Shining Gods are the shining Gods, the Guru of the Gods is the shining God, the Ruler of the Gods is the shining God, the Lord of Waters is the shining God.

ॐ भूर्भुवः स्वः ।
तत् सवितुर्वरेण्यम् भर्गो देवस्य धीमहि ।
धियो यो नः प्रचोदयात् ॥

oṁ bhūr bhuvaḥ svaḥ
tat savitur vareṇyam bhargo devasya dhīmahi
dhiyo yo naḥ pracodayāt

Oṁ the Infinite Beyond Conception, the gross body, the subtle body and the causal body; we meditate on that Light of

Wisdom that is the Supreme Wealth of the Gods. May it grant to us increase in our meditations.

ॐ भूः

oṁ bhūḥ

Oṁ the gross body

ॐ भुवः

oṁ bhuvaḥ

Oṁ the subtle body

ॐ स्वः

oṁ svaḥ

Oṁ the causal body

ॐ महः

oṁ mahaḥ

Oṁ the great body of existence

ॐ जनः

oṁ janaḥ

Oṁ the body of knowledge

ॐ तपः

oṁ tapaḥ

Oṁ the body of light

ॐ सत्यं

oṁ satyaṁ

Oṁ the body of truth

ॐ तत् सवितुर्वरेण्यम् भर्गो देवस्य धीमहि ।
धियो यो नः प्रचोदयात् ॥

oṁ tat savitur vareṇyam bhargo devasya dhīmahi
dhiyo yo naḥ pracodayāt

Oṁ we meditate on that Light of Wisdom that is the Supreme Wealth of the Gods. May it grant to us increase in our meditations.

ॐ आपो ज्योतीरसोमृतं ब्रह्म भूर्भुवस्स्वरोम् ॥

oṁ āpo jyotīrasomṛtaṁ brahma bhūrbhuvassvarom

Oṁ May the divine waters luminous with the nectar of immortality of Supreme Divinity fill the earth, the atmosphere and the heavens.

ॐ मां माले महामाये सर्वशक्तिस्वरूपिणि ।
चतुर्वर्गस्त्वयि न्यस्तस्तस्मान्मे सिद्धिदा भव ॥

oṁ māṁ māle mahāmāye sarvaśaktisvarūpiṇi
catur vargas tvayi nyastas
tasmān me siddhidā bhava

Oṁ My Rosary, The Great Measurement of Consciousness, containing all energy within as your intrinsic nature, give to me the attainment of your Perfection, fulfilling the four objectives of life.

ॐ अविघ्नं कुरु माले त्वं गृह्णामि दक्षिणे करे ।
जपकाले च सिद्ध्यर्थं प्रसीद मम सिद्धये ॥

oṁ avighnaṁ kuru māle tvaṁ gṛhṇāmi dakṣiṇe kare
japakāle ca siddhyarthaṁ prasīda mama siddhaye

Oṁ Rosary, You please remove all obstacles. I hold you in my right hand. At the time of recitation be pleased with me. Allow me to attain the Highest Perfection.

ॐ अक्षमालाधिपतये सुसिद्धिं देहि देहि सर्वमन्त्रार्थसाधिनि साधय साधय सर्वसिद्धिं परिकल्पय परिकल्पय मे स्वाहा ॥

oṁ akṣa mālā dhipataye susiddhiṁ dehi dehi sarva mantrārtha sādhini sādhaya sādhaya sarva siddhiṁ parikalpaya parikalpaya me svāhā

Oṁ Rosary of rudrākṣa seeds, my Lord, give to me excellent attainment. Give to me, give to me. Illuminate the meanings of all mantras, illuminate, illuminate! Fashion me with all excellent attainments, fashion me! I am One with God!

एते गन्धपुष्पे ॐ गं गणपतये नमः

ete gandhapuṣpe oṁ gaṁ gaṇapataye namaḥ

With these scented flowers oṁ we bow to the Lord of Wisdom, the Lord of the Multitudes.

एते गन्धपुष्पे ॐ आदित्यादिनवग्रहेभ्यो नमः

ete gandhapuṣpe oṁ ādityādi navagrahebhyo namaḥ

With these scented flowers oṁ we bow to the Sun, the Light of Wisdom, along with the nine planets.

एते गन्धपुष्पे ॐ शिवादिपञ्चदेवताभ्यो नमः

ete gandhapuṣpe oṁ śivādipañcadevatābhyo namaḥ

With these scented flowers oṁ we bow to Śiva, the Consciousness of Infinite Goodness, along with the five primary deities (Śiva, Śakti, Viṣṇu, Gaṇeśa, Sūrya).

एते गन्धपुष्पे ॐ इन्द्रादिदशदिक्पालेभ्यो नमः

ete gandhapuṣpe oṁ indrādi daśadikpālebhyo namaḥ

With these scented flowers oṁ we bow to Indra, the Ruler of the Pure, along with the Ten Protectors of the ten directions.

एते गन्धपुष्पे ॐ मत्स्यादिदशावतारेभ्यो नमः

ete gandhapuṣpe oṁ matsyādi daśāvatārebhyo namaḥ

With these scented flowers oṁ we bow to Viṣṇu, the Fish, along with the Ten Incarnations that He assumed.

एते गन्धपुष्पे ॐ प्रजापतये नमः

ete gandhapuṣpe oṁ prajāpataye namaḥ

With these scented flowers oṁ we bow to the Lord of All Created Beings.

एते गन्धपुष्पे ॐ नमो नारायणाय नमः

ete gandhapuṣpe oṁ namo nārāyaṇāya namaḥ

With these scented flowers oṁ we bow to the Perfect Perception of Consciousness.

एते गन्धपुष्पे ॐ सर्वेभ्यो देवेभ्यो नमः

ete gandhapuṣpe oṁ sarvebhyo devebhyo namaḥ

With these scented flowers oṁ we bow to All the Gods.

एते गन्धपुष्पे ॐ सर्वाभ्यो देवीभ्यो नमः

ete gandhapuṣpe oṁ sarvābhyo devībhyo namaḥ

With these scented flowers oṁ we bow to All the Goddesses.

एते गन्धपुष्पे ॐ श्री गुरवे नमः

ete gandhapuṣpe oṁ śrī gurave namaḥ

With these scented flowers oṁ we bow to the Guru.

एते गन्धपुष्पे ॐ ब्राह्मणेभ्यो नमः

ete gandhapuṣpe oṁ brāhmaṇebhyo namaḥ

With these scented flowers oṁ we bow to All Knowers of Wisdom.

Recite while tying a piece of string around wrist.

ॐ कुशासने स्थितो ब्रह्मा कुशे चैव जनार्दनः ।
कुशे ह्याकाशवद् विष्णुः कुशासन नमोऽस्तु ते ॥

oṁ kuśāsane sthito brahmā kuśe caiva janārdanaḥ
kuśe hyākāśavad viṣṇuḥ kuśāsana namo-stu te

Oṁ Brahmā is in the shining light (or kuśa grass), in the shining light resides Janārdana, the Lord of Beings. The Supreme all-pervading Consciousness, Viṣṇu, resides in the shining light. Oh Repository of the shining light, we bow down to you, the seat of kuśa grass.

आचमन

ācamana

ॐ केशवाय नमः स्वाहा

oṁ keśavāya namaḥ svāhā

Oṁ We bow to the one of beautiful hair.

ॐ माधवाय नमः स्वाहा

oṁ mādhavāya namaḥ svāhā

Oṁ We bow to the one who is always sweet.

ॐ गोविन्दाय नमः स्वाहा

oṁ govindāya namaḥ svāhā

Oṁ We bow to He who is one-pointed light.

ॐ विष्णुः ॐ विष्णुः ॐ विष्णुः

oṁ viṣṇuḥ oṁ viṣṇuḥ oṁ viṣṇuḥ

Oṁ Consciousness, oṁ Consciousness, oṁ Consciousness.

ॐ तत् विष्णोः परमं पदम् सदा पश्यन्ति सूरयः ।
दिवीव चक्षुराततम् ॥

oṁ tat viṣṇoḥ paramaṁ padam
sadā paśyanti sūrayaḥ divīva cakṣurā tatam

Oṁ That Consciousness of the highest station, who always sees the Light of Wisdom, give us Divine Eyes.

ॐ तद् विप्र स पिपानोव जुविग्रन्सो सोमिन्द्रते ।
विष्णुः तत् परमं पदम् ॥

oṁ tad vipra sa pipānova juvigranso somindrate
viṣṇuḥ tat paramaṁ padam

Oṁ That twice-born teacher who is always thirsty for accepting the nectar of devotion, Oh Consciousness, you are in that highest station.

ॐ अपवित्रः पवित्रो वा सर्वावस्थां गतोऽपि वा ।
यः स्मरेत् पुण्डरीकाक्षं स बाह्याभ्यन्तरः शुचिः ॥

oṁ apavitraḥ pavitro vā sarvāvasthāṁ gato-pi vā
yaḥ smaret puṇḍarīkākṣaṁ
sa bāhyābhyantaraḥ śuciḥ

Oṁ The Impure and the Pure reside within all objects. Who remembers the lotus-eyed Consciousness is conveyed to radiant beauty.

ॐ सर्वमङ्गलमाङ्गल्यम् वरेण्यम् वरदं शुभं ।
नारायणं नमस्कृत्य सर्वकर्माणि कारयेत् ॥

oṁ sarva maṅgala māṅgalyam
vareṇyam varadaṁ śubhaṁ
nārāyaṇaṁ namaskṛtya sarvakarmāṇi kārayet

Oṁ All the Welfare of all Welfare, the highest blessing of

Purity and Illumination, with the offering of respect we bow down to the Supreme Consciousness who is the actual performer of all action.

ॐ सूर्य्यश्चमेति मन्त्रस्य ब्रह्मा ऋषिः प्रकृतिश्छन्दः आपो देवता आचमने विनियोगः ॥

oṁ sūryyaścameti mantrasya brahmā ṛṣiḥ prakṛtiśchandaḥ āpo devatā ācamane viniyogaḥ

Oṁ these are the mantras of the Light of Wisdom, the Creative Capacity is the Seer, Nature is the meter, the divine flow of waters is the deity, being applied in washing the hands and rinsing the mouth.

Draw the following yantra with some drops of water and/or sandal paste at the front of your seat.

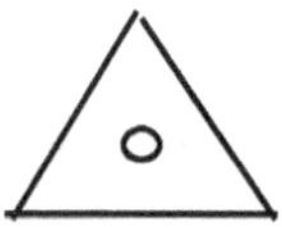

Place a flower on the bindu in the middle, while reciting:

ॐ आसनस्य मन्त्रस्य मेरुपृष्ठ ऋषिः सुतलं छन्दः कूर्म्मो देवता आसनोपवेशने विनियोगः ॥

oṁ āsanasya mantrasya merupṛṣṭha ṛṣiḥ sutalaṁ chandaḥ kūrmmo devatā āsanopaveśane viniyogaḥ

Oṁ Introducing the mantras for the purification of the seat. The Seer is He whose back is Straight, the meter is of very beautiful form, the tortoise who supports the Earth is the deity. These mantras are applied to make the seat free from obstructions.

एते गन्धपुष्पे ॐ ह्रीं आधारशक्तये कमलासनाय नमः ॥

ete gandhapuṣpe oṁ hrīṁ ādhāraśaktaye kamalāsanāya namaḥ

With these scented flowers oṁ hrīṁ we bow to the Primal Energy situated in this lotus seat.

ॐ पृथ्वि त्वया धृता लोका देवि त्वं विष्णुना धृता ।
त्वञ्च धारय मां नित्यं पवित्रं कुरु चासनम् ॥

oṁ pṛthvi tvayā dhṛtā lokā devi tvaṁ viṣṇunā dhṛtā
tvañca dhāraya māṁ nityaṁ pavitraṁ kuru cāsanam

Oṁ Earth! You support the realms of the Goddess. You are supported by the Supreme Consciousness. Also bear me eternally and make pure this seat.

ॐ गुरुभ्यो नमः

oṁ gurubhyo namaḥ

Oṁ I bow to the Guru.

ॐ परमगुरुभ्यो नमः

oṁ paramagurubhyo namaḥ

Oṁ I bow to the Guru's Guru.

ॐ परापरगुरुभ्यो नमः

oṁ parāparagurubhyo namaḥ

Oṁ I bow to the Gurus of the lineage.

ॐ परमेष्ठिगुरुभ्यो नमः

oṁ parameṣṭhigurubhyo namaḥ

Oṁ I bow to the Supreme Gurus.

ॐ गं गणेशाय नमः

oṁ gaṁ gaṇeśāya namaḥ

Oṁ I bow to the Lord of Wisdom.

ॐ अनन्ताय नमः

oṁ anantāya namaḥ
Oṁ I bow to the Infinite One.

ॐ ऐं ह्रीं क्लीं चामुण्डायै विच्चे

oṁ aiṁ hrīṁ klīṁ cāmuṇḍāyai vicce
Oṁ Creation, Circumstance, Transformation are known by Consciousness.

ॐ नमः शिवाय

oṁ namaḥ śivāya
Oṁ I bow to the Consciousness of Infinite Goodness.

Clap hands three times and snap fingers in the ten directions (N S E W NE SW NW SE UP DOWN) repeating

ॐ ऐं ह्रीं क्लीं चामुण्डायै विच्चे

oṁ aiṁ hrīṁ klīṁ cāmuṇḍāyai vicce
Oṁ Creation, Circumstance, Transformation are known by Consciousness.

सङ्कल्प

saṅkalpa

विष्णुः ॐ तत् सत् । ॐ अद्य जम्बूद्वीपे ( ) देशे ( ) प्रदेशे ( ) नगरे ( ) मन्दिरे ( ) मासे ( ) पक्षे ( ) तिथौ ( ) गोत्र श्री ( ) कृतैतत् श्रीगायत्री कामः पूजाकर्माहं श्रीगायत्री सहस्र नाम करिष्ये ॥

viṣṇuḥ oṁ tat sat oṁ adya jambūdvīpe (Country) deśe (State) pradeśe (City) nagare (Name of house or temple) mandire (month) māse (śukla or kṛṣṇa)

pakṣe (name of day) tithau (name of) gotra śrī (your name) kṛtaitat śrī gāyatrī kāmaḥ pūjā karmāhaṁ śrī gāyatrī sahasra nāma kariṣye

The Consciousness Which Pervades All, oṁ That is Truth. Presently, on the Planet Earth, Country of (Name), State of (Name), City of (Name), in the Temple of (Name), (Name of Month) Month, (Bright or Dark) fortnight, (Name of Day) Day, (Name of Sādhu Family), Śrī (Your Name) is performing the worship for the satisfaction of the Respected Goddess Gāyatrī by reciting the Thousand Names of Gāyatrī.

ॐ यज्जाग्रतो दूरमुदेति दैवं तदु सुप्तस्य तथैवैति ।
दूरङ्गमं ज्योतिषां ज्योतिरेकं
तन्मे मनः शिवसङ्कल्पमस्तु ॥

oṁ yajjāgrato dūramudeti
daivaṁ tadu suptasya tathaivaiti
dūraṅgamaṁ jyotiṣāṁ jyotirekaṁ
tanme manaḥ śiva saṅkalpamastu

Oṁ May our waking consciousness replace pain and suffering with divinity as also our awareness when asleep. Far extending be our radiant aura of light, filling our minds with light. May that be the firm determination of the Consciousness of Infinite Goodness.

या गुङ्गूर्या सिनीवाली या राका या सरस्वती ।
इन्द्राणीमह्व ऊतये वरुणानीं स्वस्तये ॥

yā guṅgūryā sinīvālī yā rākā yā sarasvatī
īndrāṇīmahva ūtaye varuṇānīṁ svastaye

May that Goddess who wears the Moon of Devotion protect the children of Devotion. May that Goddess of All-Pervading Knowledge protect us. May the Energy of the Rule of the Pure rise up. Oh Energy of Equilibrium grant us the highest prosperity.

ॐ स्वस्ति न इन्द्रो वृद्धश्रवाः
स्वस्ति नः पूषा विश्ववेदाः ।
स्वस्ति नस्तार्क्ष्यो अरिष्टनेमिः
स्वस्ति नो बृहस्पतिर्दधातु ॥

oṁ svasti na indro vṛddhaśravāḥ
svasti naḥ pūṣā viśvavedāḥ
svasti nastārkṣyo ariṣṭanemiḥ
svasti no bṛhaspatirdadhātu

Oṁ The Ultimate Prosperity to us, Oh Rule of the Pure, who perceives all that changes; the Ultimate Prosperity to us, Searchers for Truth, Knowers of the Universe; the Ultimate Prosperity to us, Oh Divine Being of Light, keep us safe; the Ultimate Prosperity to us, Oh Spirit of All-Pervading Delight, grant that to us.

ॐ गणानां त्वा गणपतिꣳ हवामहे
प्रियाणां त्वा प्रियपतिꣳ हवामहे
निधीनां त्वा निधिपतिꣳ हवामहे वसो मम ।
आहमजानि गर्भधमा त्वमजासि गर्भधम् ॥

oṁ gaṇānāṁ tvā gaṇapati guṁ havāmahe
priyāṇāṁ tvā priyapati guṁ havāmahe
nidhīnāṁ tvā nidhipati guṁ havāmahe vaso mama
āhamajāni garbbhadhamā tvamajāsi garbbhadham

Oṁ We invoke you with offerings, Oh Lord of the Multitudes; we invoke you with offerings, Oh Lord of Love; we invoke you with offerings, Oh Guardian of the Treasure. Sit within me, giving birth to the realm of the Gods within me; yes, giving birth to the realm of the Gods within me.

ॐ गणानां त्वा गणपति॑ हवामहे
कविं कवीनामुपमश्रवस्तमम् ।
ज्येष्ठराजं ब्रह्मणां ब्रह्मणस्पत
आ नः शृण्वन्नूतिभिः सीद सादनम् ॥

oṁ gaṇānāṁ tvā gaṇapati guṁ havāmahe
kaviṁ kavīnāmupamaśravastamam
jyeṣṭharājaṁ brahmaṇāṁ brahmaṇaspata
ā naḥ śṛṇvannūtibhiḥ sīda sādanam

Oṁ We invoke you with offerings, Oh Lord of the Multitudes, Seer among Seers, of unspeakable grandeur. Oh Glorious King, Lord of the Knowers of Wisdom, come speedily hearing our supplications and graciously take your seat amidst our assembly.

ॐ अदितिर्द्यौरदितिरन्तरिक्षमदितिर्माता स पिता
स पुत्रः । विश्वे देवा अदितिः पञ्च जना
अदितिर्जातमदितिर्जनित्वम् ॥

oṁ aditir dyauraditirantarikṣam
aditirmātā sa pitā sa putraḥ
viśve devā aditiḥ pañca janā aditir
jātamaditirjanitvam

Oṁ The Mother of Enlightenment pervades the heavens; the Mother of Enlightenment pervades the atmosphere; the Mother of Enlightenment pervades Mother and Father and child. All Gods of the Universe are pervaded by the Mother, the five forms of living beings, all Life. The Mother of Enlightenment, She is to be known.

ॐ त्वं स्त्रीस्त्वं पुमानसि त्वं कुमार अत वा कुमारी।
त्वं जिर्नो वन्देन वञ्चसि
त्वं जातो भवसि विश्वतोमुखः ॥

oṁ tvaṁ strīstvaṁ pumānasi
tvaṁ kumāra ata vā kumārī
tvaṁ jirno vandena vañcasi
tvaṁ jāto bhavasi viśvatomukhaḥ

Oṁ You are Female, you are Male; you are a young boy, you are a young girl. You are the word of praise by which we are singing; you are all creation existing as the mouth of the universe.

ॐ श्रीश्च ते लक्ष्मीश्च पत्न्यावहोरात्रे पार्श्वे नक्षत्राणि
रूपमश्विनौ व्यात्तम्। इष्णं निषाणामुं म ऽइषाण
सर्वलोकं म ऽइषाण ॥

oṁ śrīśca te lakṣmīśca patnyāvahorātre pārśve
nakṣatrāṇi rūpamaśvinau vyāttam
iṣṇaṁ niṣāṇāmuṁ ma -iṣāṇa sarvalokaṁ ma-iṣāṇa

Oṁ the Highest Respect to you, Goal of all Existence, wife of the full and complete night (the Unknowable One), at whose sides are the stars, and who has the form of the relentless search for Truth. Oh Supreme Divinity, Supreme Divinity, my Supreme Divinity, all existence is my Supreme Divinity.

ॐ अम्बेऽम्बिकेऽम्बालिके न मा नयति कश्चन।
ससस्त्यश्वकः सुभद्रिकां काम्पीलवासिनीम् ॥

oṁ ambe-mbike-mbālike na mā nayati kaścana
sasastyaśvakaḥ subhadrikāṁ kāmpīlavāsinīm

Oṁ Mother of the Perceivable Universe, Mother of the Conceivable Universe, Mother of the Universe of Intuitive Vision, lead me to that True Existence. As excellent crops (or grains) are harvested, so may I be taken to reside with the Infinite Consciousness.

ॐ शान्ता द्यौः शान्तापृथिवी शान्तमिदमुर्वन्तरिक्षम् ।
शान्ता उदन्वतिरापः शान्ताः नः शान्त्वोषधीः ॥

oṁ śāntā dyauḥ śāntā pṛthivī
śāntam idamurvantarikṣam
śāntā udanvatirāpaḥ śāntāḥ naḥ śāntvoṣadhīḥ

Oṁ Peace in the heavens, Peace on the earth, Peace upwards and permeating the atmosphere; Peace upwards, over, on all sides and further; Peace to us, Peace to all vegetation;

ॐ शान्तानि पूर्वरूपाणि शान्तं नोऽस्तु कृताकृतम् ।
शान्तं भूतं च भव्यं च सर्वमेव शमस्तु नः ॥

oṁ śāntāni pūrva rūpāṇi śāntaṁ no-stu kṛtākṛtam
śāntaṁ bhūtaṁ ca bhavyaṁ ca
sarvameva śamastu naḥ

Oṁ Peace to all that has form, Peace to all causes and effects; Peace to all existence, and to all intensities of reality, including all and everything; Peace be to us.

ॐ पृथिवी शान्तिरन्तरिक्षं शान्तिर्द्यौः
शान्तिरापः शान्तिरोषधयः शान्तिः वनस्पतयः
शान्तिर्विश्वे मे देवाः शान्तिः सर्वे मे देवाः शान्तिर्ब्रह्म
शान्तिरापः शान्तिः सर्वं शान्तिरेधि शान्तिः शान्तिः
सर्व शान्तिः सा मा शान्तिः शान्तिभिः ॥

oṁ pṛthivī śāntir antarikṣaṁ śāntir dyauḥ
śāntir āpaḥ śāntir oṣadhayaḥ śāntiḥ vanaspatayaḥ
śāntir viśve me devāḥ śāntiḥ sarve me devāḥ śāntir
brahma śāntirāpaḥ śāntiḥ sarvaṁ śāntiredhi śāntiḥ
śāntiḥ sarva śāntiḥ sā mā śāntiḥ śāntibhiḥ

Oṁ Let the earth be at Peace, the atmosphere be at Peace, the heavens be filled with Peace. Even further may Peace extend, Peace be to waters, Peace to all vegetation, Peace to All Gods of the Universe, Peace to All Gods within us, Peace to Creative Consciousness, Peace to Brilliant Light, Peace to All, Peace to Everything, Peace, Peace, altogether Peace, equally Peace, by means of Peace.

ताभिः शान्तिभिः सर्वशान्तिभिः समया मोहं
यदिह घोरं यदिह क्रूरं यदिह पापं तच्छान्तं
तच्छिवं सर्वमेव समस्तु नः ॥

tābhiḥ śāntibhiḥ sarva śāntibhiḥ samayā mohaṁ
yadiha ghoraṁ yadiha krūraṁ yadiha pāpaṁ
tacchāntaṁ tacchivaṁ sarvameva samastu naḥ

Thus by means of Peace, altogether one with the means of Peace, Ignorance is eliminated, Violence is eradicated, Improper Conduct is eradicated, Confusion (sin) is eradicated, all that is, is at Peace, all that is perceived, each and everything, altogether for us,

ॐ शान्तिः शान्तिः शान्तिः ॥

oṁ śāntiḥ śāntiḥ śāntiḥ

Oṁ Peace, Peace, Peace

gāyatrī viddhi
system of worship with gāyatrī

ॐ प्रजापतिर्ऋषिर्गायत्रीछन्दोऽग्निर्देवता व्याहृति होमे विनियोगः ।

oṁ prajāptirṛṣirgāyatrī chando-gnirdevatā vyāhṛti home viniyogaḥ

Oṁ The Lord of Creation is the Seer, Gāyatrī is the meter (24 syllables to the verse), Purification is the Divinity, the Proclamations of Delight are applied in offering.

ॐ भूः स्वाहा ॥

oṁ bhūḥ svāhā

Oṁ Gross Perception.

ॐ प्रजापतिर्ऋषिरुष्णिक्छन्दोवायुर्देवता व्याहृति होमे विनियोगः ।

oṁ prajāpatirṛṣiruṣṇik chando vāyurdevatā vyāhṛti home viniyogaḥ

The Lord of Creation is the Seer, Uṣṇik is the meter (28 syllables to the verse), Emancipation is the Divinity, the Proclamations of Delight are applied in offering.

ॐ भुवः स्वाहा ॥

oṁ bhuvaḥ svāhā

Oṁ Subtle Perception.

ॐ प्रजापतिर्ऋषिरनुष्टुपछन्दः सूर्योदेवता व्याहृति होमे विनियोगः ।

oṁ prajāpitirṛṣiranuṣṭup chandaḥ sūryodevatā vyāhṛti home viniyogaḥ

The Lord of Creation is the Seer, Anuṣṭup is the meter (32 syllables to the verse), The Light of Wisdom is the Divinity, the Proclamations of Delight are applied in offering.

ॐ स्वः स्वाहा ॥

oṁ svaḥ svāhā
Oṁ Intuitive Perception.

ॐ प्रजापतिर्ऋषिर्बृहती छन्दः प्रजापतिर्देवता महाव्याहृति होमे विनियोगः ।

oṁ prajāpatirṛṣirbṛhatī chandaḥ prajāpatirdevatā mahāvyāhṛti home viniyogaḥ
The Lord of Creation is the Seer, Bṛhatī is the meter (40 syllables to the verse), The Lord of Creation is the Divinity, the Great (full, complete) Proclamations of Delight are applied in offering.

ॐ भूर्भुवः स्वः स्वाहा ॥

oṁ bhūrbhuvaḥ svaḥ svāhā
Oṁ Gross Perception, oṁ Subtle Perception, oṁ Intuitive Perception.

ॐ गायत्र्या विश्वामित्रऋषिर्गायत्री छन्दः सवितादेवता गायत्री जपे विनियोगः ॥

oṁ gāyatryā viśvāmitraṛṣirgāyatrī chandaḥ savitādevatā gāyatrī jape viniyogaḥ
The Gāyatrī (Mantra), The Friend of the Universe is the Seer, Gāyatrī is the meter (24 syllables to the verse), The Daughter of Light is the Divinity, the Gāyatrī (mantra) is applied in recitation.

Holding tattva mudrā, touch head:

विश्वामित्र ऋषये नमः

viśvāmitra ṛṣaye namaḥ *touch head*

To the Seer, Friend of the Universe, I bow.

गायत्री छन्दःसे नमः

gāyatrī chandaḥse namaḥ *touch mouth*

To the Meter, Gāyatrī (24 syllables to the verse), I bow.

सवित्रीदेवतायै नमः

savitrīdevatāyai namaḥ *touch heart*

To the Divinity, the Daughter of the Light, I bow.

ॐ हृदयाय नमः

oṁ hṛdayāya namaḥ *touch heart*

Oṁ in the heart, I bow.

ॐ भूः शिरसे स्वाहा

oṁ bhūḥ śirase svāhā *top of head*

Oṁ Gross Perception on the top of the head, I am One with God!

ॐ भुवः शिखायै वषट्

oṁ bhuvaḥ śikhāyai vaṣaṭ *back of head*

Oṁ Subtle Perception on the back of the head, Purify!

ॐ स्वः कवचाय हुं

oṁ svaḥ kavacāya huṁ *cross both arms*

Oṁ Intuitive Perception crossing both arms, Cut the Ego!

ॐ भूर्भुवः स्वः नेत्रत्रयाय वौषट्

oṁ bhūrbhuvaḥ svaḥ netratrayāya vauṣaṭ *touch three eyes*

Oṁ Gross Perception, Subtle Perception, Intuitive Perception in the three eyes, Ultimate Purity!

ॐ भूर्भुवः स्वः करतल कर पृष्ठाभ्यां अस्त्राय फट्

oṁ bhūrbhuvaḥ svaḥ karatal kar pṛṣṭābhyāṁ astrāya phaṭ

Oṁ I bow to Gross Perception, Subtle Perception, Intuitive Perception with the weapon of Virtue.

roll hand over hand front and back and clap

ॐ भूः हृदयाय नमः

oṁ bhūḥ hṛdayāya namaḥ *touch heart*

Oṁ Gross Perception in the heart, I bow.

ॐ भुवः शिरसे स्वाहा

oṁ bhuvaḥ śirase svāhā *top of head*

Oṁ Subtle Perception on the top of the head, I am One with God!

ॐ स्वः शिखायै वषट्

oṁ svaḥ śikhāyai vaṣaṭ *back of head*

Oṁ Intuitive Perception on the back of the head, Purify!

ॐ तत् सवितुर्वरेण्यम् कवचाय हुं

oṁ tat saviturvareṇyam kavacāya huṁ *cross both arms*

Oṁ That Light of Wisdom that is the Supreme crossing both arms, Cut the Ego!

ॐ भर्गो देवस्य धीमहि नेत्रत्रयाय वौषट्

oṁ bhargo devasya dhīmahi netratrayāya vauṣaṭ
touch three eyes

Oṁ Wealth of the Gods, we meditate in the three eyes, Ultimate Purify!

ॐ धियो यो नः प्रचोदयात् ॐ करतल कर पृष्ठाभ्यां अस्त्राय फट्

oṁ dhiyo yo naḥ pracodayāt oṁ karatal kar pṛṣṭābhyāṁ astrāya phaṭ

Oṁ May it grant to us increase in our meditations with the weapon of Virtue.

roll hand over hand front and back and clap

ॐ तत् सवितुर्हृदयाय नमः

oṁ tat saviturhṛdayāya namaḥ *touch heart*

Oṁ That Light of Wisdom in the heart, I bow.

ॐ वरेण्यम् शिरसे स्वाहा

oṁ vareṇyam śirase svāhā *top of head*

Oṁ That is the Supreme on the top of the head, I am One with God!

ॐ भर्गो देवस्य शिखायै वषट्

oṁ bhargo devasya śikhāyai vaṣaṭ *back of head*

Oṁ Wealth of the Gods on the back of the head, Purify!

ॐ धीमहि कवचाय हुं

oṁ dhīmahi kavacāya huṁ *cross both arms*

Oṁ We meditate crossing both arms, Cut the Ego!

ॐ धियो योनः नेत्रत्रयाय वौषट्

oṁ dhiyo yo naḥ netratrayāya vauṣaṭ *touch three eyes*

Oṁ May it grant to us increase in Ultimate Purity in the three eyes

ॐ प्रचोदयात् ॐ करतलकरपृष्ठाभ्यां अस्त्राय फट्

oṁ pracodayāt oṁ karatal kar pṛṣṭhābhyāṁ astrāya phaṭ

Oṁ Increase in our meditations with the weapon of Virtue.

roll hand over hand front and back and clap

ॐ भूर्भुवः स्वः । तत् सवितुर्वरेण्यम् भर्गो देवस्य
धीमहि धियो योनः प्रचोदयात् ॐ ॥

oṁ bhūrbhuvaḥ svaḥ
tat saviturvareṇyam bhargo devasya dhīmahi
dhiyo yo naḥ pracodayāt oṁ

Oṁ the Infinite Beyond Conception, the gross body, the subtle body and the causal body; we meditate on that Light of Wisdom that is the Supreme Wealth of the Gods. May it grant to us increase in our meditations.

kumārī pūjā

worship of the ever pure one

ॐ कुमारीमृग्वेदयुतां ब्रह्मरूपां विचिन्तायेत् ।
हंसस्थितां कुशहस्तां सूर्यमण्डल संस्थितां ॥

oṁ kumārīmṛgvedayutāṁ brahmarūpāṁ vicintāyet
haṁsasthitāṁ kuśahastāṁ sūryamaṇḍala saṁsthitāṁ

Oṁ We contemplate the Goddess of Purity, embodiment of the Ṛg Veda, the form of Supreme Divinity. Situated upon the swan, with kuśa grass in Her hand, She is situated in the regions of the sun.

ॐ कुमारीं कमलारुढां त्रिनेत्रां चन्द्रशेखराम्।
तप्तकाञ्चनववर्णाभां नानालङ्कार भूषिताम्॥

oṁ kumārīṁ kamalāruḍhāṁ
trinetrām candraśekharām
taptakāñcaṇa varnabhāṁ nānālaṅkāra bhūṣitām

Oṁ Kumāri has an orange color with three eyes and the Moon on Her head. Of the color of melted gold, She displays various ornaments.

रक्ताम्बरपरीधानां रक्तमाल्ल्याणुल्लेपनाम्।
ववामेनाभयदां ध्यायेद्दक्षिणेन ववरप्रदाम्॥

raktāmbāra parīdhanāṁ raktamālyāṇulepanām
vāmenābhayadāṁ dhyāyeddakṣiṇena vvarapradām

She wears a red cloth and a red mālā or garland. With Her left hand She gives us freedom from fear, and with Her right hand She grants boons.

ॐ सवर्वाभीष्टप्रधे देविव सववापद्विनिववारिनि।
सवर्वशान्तिकरे देविव नमस्तेऽस्तु कुमारिके॥

oṁ sarvabhīṣṭapradhe devvi sarvāpadvinivvārini
sarvaśānti kare devvi namaste-stu kumārike

Oṁ Grant fulfillment of all desires, oh Goddess. Remove all obstacles. Cause all Peace, oh Goddess. We bow to you, to Kumāri.

ब्रह्मी महेश्वरी रौद्री रूप त्रितय धारिणि।
अभयञ्च ववरं देहि नारायणि नमोऽस्तु ते॥

brahmī maheśvvarī raudrī rūpa tritaya dhāriṇi
abhayañca vvaraṁ dehi nārāyaṇi namo-stu te

Creative Energy, the Energy of the Great Seer of All, the Energy of the Terrible One; She wears three forms. Give freedom from fear and boons; Exposer of Consciousness, we bow to you.

ॐ कौं कौमार्यै नमः

oṁ kauṁ kaumaryai namaḥ
Oṁ kauṁ we bow to the Goddess of Purity.

ॐ सावित्री विष्णुरूपाञ्च तार्क्ष्यस्थां पीतवाससिं ।
युवतीञ्च यजुर्वेद सूर्यमण्डल संस्थितां ॥

oṁ sāvitrī viṣṇurūpāñca tārkṣyasthāṁ pītavāsasiṁ
yuvatīñca yajurveda sūryamaṇḍala saṁsthitāṁ
Oṁ Goddess of Light in the form of Viṣṇu, radiating light of yellow color; appearing in a youthful form as the Yājur Veda, She is situated in the regions of the sun.

ॐ सरस्वती शिवरूपाञ्च वृद्ध वृषभ वहिनीं ।
सूर्यमण्डल मध्यस्थां सामवेद समायुतां ॥

oṁ sarasvatī śivarūpāñca vṛddhā vṛṣabha vahinīṁ
sūryamaṇḍala madhyasthāṁ sāmaveda samāyutāṁ
Oṁ Sarasvati is in the form of Śiva, appearing as an old woman riding upon a bull. Situated in the middle of the regions of the sun, She is united with the Sāma Veda.

gāyatrī saṁpūṭ

gāyatrī with oṁ before and after

ॐ भूर्भुवः स्वः ॐ तत् सवितुर्वरेण्यम् ॐ भर्गो
देवस्य धीमहि ॐ धियो यो नः प्रचोदयात् ॐ ॥

oṁ bhūrbhuvaḥ svaḥ oṁ tat saviturvareṇyam oṁ
bhargo devasya dhīmahi oṁ dhiyo yo naḥ
pracodayāt oṁ

Oṁ the Infinite Beyond Conception, the gross body, the subtle body and the causal body; oṁ we meditate on that Light of Wisdom oṁ that is the Supreme Wealth of the Gods. Oṁ may it grant to us increase in our meditations.

ॐ भूर्भुवः स्वः तत् सवितुर्वरेण्यम् ॐ भर्गो देवस्य धीमहि ॐ धियो यो नः प्रचोदयात् ॐ ॥

oṁ bhūrbhuvaḥ svaḥ tat saviturvareṇyam oṁ bhargo devasya dhīmahi oṁ dhiyo yo naḥ pracodayāt oṁ

Oṁ the Infinite Beyond Conception, the gross body, the subtle body and the causal body; we meditate on that Light of Wisdom oṁ that is the Supreme Wealth of the Gods. Oṁ may it grant to us increase in our meditations oṁ.

ॐ भूर्भुवः स्वः तत् सवितुर्वरेण्यम् भर्गो देवस्य धीमहि ॐ धियो यो नः प्रचोदयात् ॐ ॥

oṁ bhūrbhuvaḥ svaḥ tat saviturvareṇyam bhargo devasya dhīmahi oṁ dhiyo yo naḥ pracodayāt oṁ

Oṁ the Infinite Beyond Conception, the gross body, the subtle body and the causal body; we meditate on that Light of Wisdom that is the Supreme Wealth of the Gods. Oṁ may it grant to us increase in our meditations oṁ.

ॐ भूर्भुवः स्वः तत् सवितुर्वरेण्यम् भर्गो देवस्य धीमहि धियो यो नः प्रचोदयात् ॐ ॥

oṁ bhūrbhuvaḥ svaḥ
tat saviturvareṇyam bhargo devasya dhīmahi
dhiyo yo naḥ pracodayāt oṁ

Oṁ the Infinite Beyond Conception, the gross body, the subtle body and the causal body; we meditate upon that Light of Wisdom that is the Supreme Wealth of the Gods. May it grant to us increase in our meditations oṁ.

आगच्छ वरदे देवि जप्ये मे सन्निधा भव ।
गायन्तं त्रायसे यस्माद् गायत्री त्वमतः स्मृता ॥

āgaccha varade devi japye me sannidhā bhava
gāyaṇtaṁ trāyase yasmād gāyatrī tvamataḥ smṛtā

Come, granting boons, oh Goddess, and be situated in me while I continue meditation and prayer. The three forms of wisdom are remembered in you, Gāyatrī.

आयाहि वरदे देवि त्र्यक्षरे ब्रह्मवादिनि ।
गायत्री छन्दसां मातर्ब्रह्मयोनि नमोऽस्तु ते ॥

āyāhi varade devi tryakṣare brahmavādini
gāyatrī chandasāṁ mātarbrahmayoni namo-stu te

Come, granting boons, oh Goddess, the three letters of the word of the Supreme Divinity. Oh Mother, in the rhythm of Gāyatrī (24 syllables to the verse) we bow to you as the womb of creation.

अथ गायत्रीसहस्रनामस्तोत्रम्

atha gāyatrīsahasranāmastotram

And now, the Song of the
Thousand Names of the Goddess Gāyatrī

नारद उवाच

nārada uvāca

Nārada said:

-1-

भगवन् सर्वधर्मज्ञ सर्वशास्त्रविशारद ।
श्रुतिस्मृतिपुराणानां रहस्यं त्वन्मुखाच्छ्रुतम् ॥

bhagavan sarvadharmajña sarvaśāstraviśārada
śrutismṛtipurāṇānāṁ rahasyaṁ tvanmukhācchrutam

Oh Supreme Lord, Knower of all Dharma, having knowledge of all scriptures, Knower of the Vedas, the commentaries, the Purāṇas, let me hear the supreme secret from your mouth.

-2-

सर्वपापहरं देव येन विद्या प्रवर्तते ।
केन वा ब्रह्मविज्ञानं किं नु वा मोक्षसाधनम् ॥

sarvapāpaharaṁ deva yena vidya pravartate
kena vā brahmavijñānaṁ
kiṁ nu vā mokṣasādhanam

Oh Lord who takes away all sin, by which knowledge do all things move or change? What is the wisdom of Supreme Divinity? What is the efficient discipline to attain liberation, otherwise known as self-realization?

-3-

ब्रह्मणानां गतिः केन केन वा मृत्युनाशनम् ।
एहिकाऽऽमुष्मिकफलं केन वा पद्मलोचन ॥

brahmaṇānāṁ gatiḥ kena kena vā mṛtyunāśanam
ehikā--muṣmikaphalaṁ kena vā padmalocana

By what knowledge do the knowers of Supreme Divinity proceed? And by what knowledge is death destroyed? Oh Lotus Eyed One, what knowledge alone confers liberation?

-4-

वक्तुमर्हस्यशेषेण सर्वं निखिलमादितः ।

vaktumarhasyaśeṣeṇa sarva nikhilamāditaḥ

Such were the questions the Great Seer asked, hearing which

श्रीनारायण उवाच ।

śrīnārāyaṇa uvāca

Nārāyaṇa said:

साधु साधु महाप्राज्ञ सम्यक् पृष्टं त्वयाऽनघ ॥

sādhu sādhu mahāprājña
samyak ṣṛṣṭaṁ tvayā-nagha

Efficient One! Efficient One! Oh Great Wise One! You are blessed to ask such great questions!

-5-

शृणु वक्ष्यामि यत्नेन गायत्र्याश्च सहस्रकम् ।
नाम्नां शुभानां दिव्यानां सर्वपापविनाशनम् ॥

śṛṇu vākṣyāmi yatnena gāyatryāśca sahasrakam
nāmnāṁ śubhānāṁ divyānāṁ sarvapāpavināśanam

Listen with careful attention as I elucidate the one thousand eight names of Gāyatrī. These names are pure, divine, and they destroy all sin.

-6-

सृष्ट्यादौ यद्भगवता पूर्वं प्रोक्तं ब्रवीमि ते ।
अष्टोत्तरसहस्रस्य ऋषिर्ब्रह्मा प्रकीर्तितः ॥

sṛṣṭyādau yadbhagavatā pūrvaṁ proktaṁ bravīmi te
aṣṭottrasahasrasya ṛṣirbrahmā prakīrtitaḥ

From the beginning of creation, even before the Bhagavat, they were told to me. The Supreme Creator himself, Brahmā, was the ṛṣi who illuminated these one thousand eight names.

-7-

छन्दोऽनुष्टुटप् तथा दैवी गायत्री देवता स्मृता ।
हलो बीजानि तस्यैव स्वराः सक्तय ईरिताः ॥

chando-nuṣṭuṭap tathā daivī gāyatrī devatā smṛtā
halo bījāni tasyaiva svarāḥ saktaya īritāḥ

They were expressed in anuṣṭup chanda (32 syllables to the verse) and Gāyatrī is remembered as the deity. Ha, the Divine I is the seed and music is the energy.

-8-

अङ्गन्यासकरन्यासावुच्येते मातृकाक्षरैः ।
अथ ध्यानं प्रवक्ष्यामि साधकानां हिताय वै ॥

aṅganyāsakaranyāsavucyete mātṛkākṣaraiḥ
atha dhyānaṁ pravakṣyāmi sādhakānāṁ hitāya vai

Perform the establishment of the letters of the mantra in the hands, in the body, the Mātrikā nyāsas, and the establishment of the alphabets. And now I elucidate the meditation most beneficial to sādhus, who perform spiritual disciplines.

-9-

रक्तश्वेतहिरण्यनीलधवलैर्युक्तां त्रिनेत्रोज्ज्वलां
रक्तां रक्तनवस्रजं मणिगणैर्युक्तां कुमारीमिमाम् ।
गायत्रीं कमलासनां करतलव्यानद्धकुण्डाम्बुजां
पद्माक्षीं च वरस्रजं च दधथीं हंसाधिरूढां भजे ॥

raktaśvetahiraṇyanīladhavalairyuktāṁ trinetrojjvalāṁ I raktāṁ raktanavasrajaṁ maṇigaṇairyuktāṁ kumārīmimām gāyatrīṁ kamalāsanāṁ karatalavyānaddhakuṇḍāmbujāṁ pādmākṣīṁ ca varasrajaṁ ca dadhathīṁ haṁsādhirūḍhāṁ bhaje

Red, white, gold, blue, and extremely bright or a beautiful dazzling white, are Her colors, and Her three eyes are shining on each face. Her body is of red hue, She wears a garland of red lotuses, She is seated on a red lotus seat. Her hands hold a lotus, and a water pot, the mūdra granting boons, and a rosary. I worship the Ever Pure One with lotus eyes who is seated upon a swan.

-10-

अचिन्त्यलक्षणाव्यक्ताऽप्यर्थमातृमहेश्वरी ।
अमृतार्णवमध्यस्थाऽप्यजिता चाऽपराजिता ॥

acintyalakṣṇāvyaktā-pyarthamātṛmaheśvarī
amṛtārṇavamadhyasthā-pyajitā cā-parājitā

-11-

अणिमादिगुणाधाराऽप्यर्कमण्डलसंस्थिता ।
अजराऽजाऽपराऽधर्मा अक्षसूत्रधराऽधरा ॥

aṇimādiguṇādhārā-pyarkamaṇḍalasaṁsthitā
ajarā-jā-parā-dharmā akṣasūtradharā-dharā

-12-

अकारादिक्षकारान्ताऽप्यरिषड्वर्गभेदिनी ।
अञ्जनाद्रिप्रतीकाशाऽप्यञ्जनाद्रिनिवासिनी ॥

akārādikṣakārāntā-pyariṣadvargabhedinī
añjanādripratīkāśā-pyañjanādrinivāsinī

-13-

अदितिश्चाऽजपाऽविद्याप्यरविन्दनिभेक्षणा ।

अन्तर्बहिःस्थिताऽविद्याध्वंसिनी चाऽन्तरात्मिका ॥

aditiścā-japā-vidyāpyaravindanibhekṣaṇā
antarbahiḥsthitā-vidyādhvaṁsinī cā-ntarātmikā

-14-

अजा चाऽजमुखाऽवासाप्यरविन्दनिभानना ।

अर्धमात्राऽर्थदानज्ञाऽप्यरिमण्डलमर्दिनी ॥

ajā cā-jamukhā-vāsāpyaravindanibhānanā
ardhamātrā-rthadānajñā-pyarimaṇḍalamardinī

-15-

असुरघ्नी ह्यमावास्याऽप्यलक्ष्मीघ्न्यन्त्यजाऽर्चिता ।

आदिलक्ष्मीश्चाऽऽदिशक्तिराकृतिश्चाऽऽयतानना ॥

asuradhnī hyamāvāsyā-pyalakṣmīghnyāntyājā-rcitā
ādilakṣmī ścā--diśāktirākṛtiścā--yatānanā

-16-

आदित्यपदवीचाराऽप्यादित्यपरिसेविता ।

आचार्याऽऽवर्तनाऽऽचाराप्यादिमूर्तिनिवासिनी ॥

ādityapadavīcārā-yādityaparisevitā
ācāyrā--vartanā--cārāpyādimūrtinivāsinī

-17-

आग्नेयी चाऽऽमरी चाऽऽद्या

चाऽऽराध्या चाऽऽसनस्थिता ।

आधारनिलयाऽऽधारा चाऽऽकाशान्तनिवासिनी ॥

āgneyī cā-marī cā--dyā cā--rādhyā cā--sanasthitā
ādhāranilayā--dhārā cā--kāśāntanivāsinī

-18-

आद्याक्षरसमायुक्ता चाऽन्तराकाशरूपिणी ।
आदित्यमण्डलगता चाऽन्तरध्वान्तनाशिनी ॥

ādyākṣrasamāyuktā cā-ntarākāśarūpiṇī
ādityamaṇḍalagatā cā-ntaradhvāntanāśinī

-19-

इन्दिरा चेष्टदा चेष्टा चेन्दीवरनिभेक्षणा ।
इरावती चेन्द्रपदा चेन्द्राणी चेन्दुरूपिणी ॥

indirā ceṣṭadā ceṣṭā cendīvaranibhekṣaṇā
irāvatī cendrapadā cendrāṇī cendurūpiṇī

-20-

इक्षुकोदण्डसंयुक्ता चेषुसन्धानकारिणी ।
इन्द्रनीलसमाकारा चेडापिङ्गलरूपिणी ॥

ikṣukodaṇḍasaṁyuktā ceṣusandhānakāriṇī
indranīlasamākārā ceḍāpiṅgalarūpiṇī

-21-

इन्द्राक्षी चेश्वरी देवी चेहात्रयविवर्जिता ।
उमा चोषा ह्युडुनिभा उर्वारुवकफलानना ॥

indrākṣī ceśvarī devī cehātrayavivarjitā
umā coṣā hyuḍunibhā urvāruvakaphalānanā

-22-

उडुप्रभा चोडुमती ह्युडुपा ह्युडुमध्यगा ।
ऊर्ध्वा चाप्यूर्ध्वकेशी चाप्युर्ध्वाधोगतिभेदिनी ॥

uḍuprabhā coḍumatī hyuḍupā hyuḍumadhyagā
ūrdhvā cāpyūrdhvakeśī cāpyurdhvādhogatibhedinī

-23-

ऊर्ध्वबाहुप्रिया चोर्मिमालावाग्ग्रन्थदायिनी ।
ऋतं चर्षि र्ऋतुमती ऋषिदेवनमस्कृता ॥

ūrdhvabāhupriyā cormimālāvāggranthadāyinī
ṛtaṁ carṣir ṛtumatī ṛṣidevanamaskṛtā

-24-

ऋग्वेदा ऋणहर्त्री च ऋषिमण्डलचारिणी ।
ऋद्धिदा ऋजुमार्गस्था ऋजुधर्मा ऋतुप्रदा ॥

ṛgvedā ṛṇahartrī ca ṛṣimaṇḍalacāriṇī
ṛddhidā ṛjumārgasthā ṛjudharmā ṛtupradā

-25-

ऋग्वेदनिलया ऋज्वी लुप्तधर्मप्रवर्तिनी ।
लूतारिवरसंभूता लूतादिविषहारिणी ॥

ṛgvedanilayā ṛjvī luptādhārmaprāvārtinī
lūtārivārāsāṁbhūtā lūtādiviṣahāriṇī

-26-

एकाक्षरा चैकमात्रा चैका चैकैकनिष्ठिता ।
ऐन्द्री ह्यैरावतारूढा चैहिकामुष्मिकप्रदा ॥

ekākṣarā caikamātrā caikā caikāikāniṣatā
aindrī hyairāvatārūḍhā cāihikāmuṣmikapradā

-27-

ओङ्कारा ह्योषधी चोता चोतप्रोतनिवासिनी ।
और्वा ह्योषधसम्पन्ना औपासनफलप्रदा ॥

oṁkārā hyoṣadhī cotā cotāprotanivāsinī
aurvā hyoṣadhasampannā aupāsanaphalapradā

-28-

अण्डमध्यस्थिता देवी चाकारमनुरूपिणी ।
कात्यायनी कालरात्रिः कामाक्षी कामसुन्दरी ॥

āṇḍamadhyasthitā devī cākāramanurūpiṇī
kātyāyanī kālarātriḥ kāmākṣī kāmasundarī

-29-

कमला कामिनी कान्ता कामदा कालकण्ठिनी ।
करिकुम्भस्तनभरा करबीरसुवासिनी ॥
kamalā kāminī kāntā kāmadā kālakaṇṭhinī
karikumbhastanabharā karabīrasuvāsinī

-30-

कल्याणी कुण्डलवती कुरुक्षेत्रनिवासिनी ।
कुरुविन्ददलाकारा कुण्डली कुमुदालया ॥
kalyāṇī kuṇḍalavatī kurukṣetranivāsinī
kuruvindadalākārā kuṇḍalī kumudālayā

-31-

कालजिह्वा करालास्या कालिका कालरूपिणी ।
कमनीयगुणा कान्तीः कलाधारा कुमुद्वती ॥
kālajivā karālāsyā kālikā kālarūpiṇī
kamanīyaguṇā kānthī kalādhārā kumudvatī

-32-

कौशिकी कमलाकारा कामचारप्रभञ्जिनी ।
कौमारी करुणापाङ्गी ककुवन्ता करिप्रिया ॥
kauśikī kamalākārā kāmacāraprabhañjinī
kaumārī karuṇāpāṅgī kakuvantā karipriyā

-33-

केशरी केशवनुता कदम्बकुसुमप्रिया ।
कालिन्दी कालिका काञ्ची कलशोद्भवसंस्तुता ॥
keśarī keśavanutā kadambakusumapriyā
kālindī kālikā kāñcī kalaśodbhavasaṁstutā

-34-

काममाता क्रतुमती कामरूपा कृपावती ।
कुमारी कुण्डनिलया किराती कीरवाहना ॥

kāmamātā kratumatī kāmarūpā kṛipāvatī
kumārī kuṇḍanilayā kirātī kīravāhanā

-35-

कैकेयी कोकिलालाप केतकी कुसुमप्रिया ।
कमण्डलुधरा काली कर्मनिर्मूलकारिणी ॥

kaikeyī kokilālāpa ketakī kusumapriyā
kamaṇḍaludharā kālī karmanirmūlakāriṇī

-36-

कलहंसगतीः कक्षा कृतकौतुकमङ्गला ।
कस्तूरीतिलका कम्रा करीन्द्रगमना कुहूः ॥

kalahaṁsagatīḥ kakṣā kṛtakautukamaṇgalā
kastūrītilakā kamrā karīndragamanā kuhūḥ

-37-

कर्पुरलेपना कृष्णा कपिला कुहराश्रया ।
कुटस्था कुधरा कम्रा कुक्षिस्थाऽखिलविष्टपा ॥

kapuralepanā kṛśṇā kapilā kuharāśrayā
kuṭāsthā kudharā kāmrā kukṣisthā-khilāviṣthāpā

-38-

खङ्गखेटकरा खर्वा खेचरी खगवाहना ।
खट्वाङ्गधारिणी ख्याता खगराजोपरिस्थिता ॥

khaḍgakheṭakarā kharvā khecarī khagavāhanā
khaṭvāṅgadhāriṇī khyātā khagarājoparisthitā

-39-

खलघ्नी खण्डितजरा खण्डाख्यानप्रदायिनी ।
खण्डेन्दुतिलका गङ्गा गणेशगुहपूजिता ॥

khalaghnī khaṇiḍatajarā khaṇḍākhyānapradāyinī
khaṇḍendutilakā gaṅgā gaṇeśaguhapūjitā

-40-

गायत्री गोमती गीता गान्धारी गानलोलुपा ।
गौतमी गामिनी गाधा गन्धर्वाप्सरसेविता ॥

gāyatrī gomatī gītā gāndhārī gānalolupā
gautamī gāminī gādhā gandharvāpsarasevitā

-41-

गोविन्दचरणाक्रान्ता गुणत्रयविभाविता ।
गन्धर्वी गह्वरी गोत्रा गिरीशा गहना गमी ॥

govindacaraṇākrāntā guṇatrayavibhāvitā
gandharvī gahvarī gotrā girīśā gahanā gamī

-42-

गुहावासा गुणवती गुरुपापप्रणाशिनी ।
गुर्वी गुणवती गुह्या गोप्तव्या गुणदायिनी ॥

guhāvāsā guṇavatī gurupāpapraṇāśinī
gurvī guṇavatī guhyā goptavyā guṇadāyinī

-43-

गिरिजा गुह्यमातङ्गी गरुडध्वजवल्लभा ।
गर्वापहरिणी गोदा गोकुलस्था गदाधरा ॥

girijā guhyamātaṇgī garuḍadhvajavallabhā
garvāpahariṇī godā gokulasthā gadādharā

-44-

गोकर्णनिलया सक्ता गुह्यमण्डलवर्तिनी ।
घर्मदा घनदा घण्टा घोरदानवमर्दिनी ॥

gokaraṇilayā saktā guhyamaṇḍalavartinī
gharmadā ghanadā ghaṇṭā ghoradānavamardinī

-45-

घृणिमन्त्रमयी घोषा घनसंपातदायिनी ।
घण्टारवप्रिया घ्राणा घृणिसन्तुष्टकारिणी ॥

ghṛṇimatramayī ghoṣā ghanasaṁpātadāyinī
ghaṇṭāravapriyā ghrāṇā ghṛṇisantuṣṭakāriṇī

-46-

घनारिमण्डला घूर्णा घृताची घनवेगिनी ।
ज्ञानधातुमयी चर्चा चर्चिता चारुहसिनी ॥

ghanārimaṇḍalā ghūrṇā ghṛtācī ghanaveginī
jñānadhāntumayī carcā carcitā cārūhasanī

-47-

चटुला चण्डिका चित्रा चित्रमाल्यविभूषिता ।
चतुर्भुजा चारुदन्ता चातुरी चरितप्रदा ॥

caṭulā caṇḍikā citrā citramālyavibhūṣitā
caturbhujā cārudantā cāturī caritapradā

-48-

चूलिका चित्रवस्त्रान्ता चन्द्रमः कर्णकुण्डला ।
चन्द्रहासा चारुदात्री चकोरी चन्द्रहासिनी ॥

cūlikā citravastrāntā candramaḥ karṇakuṇḍalā
candrahāsā cārudātrī cakorī candrahāsinī

-49-

चन्द्रिका चन्द्रधात्री च चौरी चौरा च चण्डिका ।
चञ्चद्वाग्वादिनी चन्द्रचूडा चोरविनाशिनी ॥

candrikā candradhātrī ca caurī caurā ca caṇḍikā
cañcadvāgvādinī candracūḍā coravināśinī

-50-

चारुचन्दनलिप्ताङ्गी चञ्चच्चामरवीजिता ।
चारुमध्या चारुगतीश्चन्दिलाश्चन्द्ररूपिणी ॥

cārucandanalipatāṅgī cañcaccāmaravījitā
cārumadhyā cārugatīścandilāścandrarūpiṇī

-51-

चारुहोमप्रिया चार्वा चरिता चक्रवाहुका ।
चन्द्रमण्डलमध्यस्था चन्द्रमण्डलदर्पणा ॥

cāruhomapriyā cārvā caritā cakravāhukā
candramaṇḍalamadhyasthā candramaṇḍaladarpaṇā

-52-

चक्रवाकस्तनी चेष्टा चित्रा चारुविलासिनी ।
चित्स्वरूपा चन्द्रवती चन्द्रमाश्चन्दनप्रिया ॥

cakravākastanī ceṣṭā citrā cāruvilāsinī
citsvarūpā candravatī candramāścandanapriyā

-53-

चोदयित्री चिरप्रज्ञ चातका चारुहेतुकी ।
छत्रयाता छत्रधरा छाया छन्दःपरिच्छदा ॥

codayitrī ciraprajña cātakā cāruhetukī
chatrayātā chatradharā chāyā chandaḥparicchadā

-54-

छायादेवी च्छिद्रनखा छन्नेन्द्रियविसर्पिणी ।
छन्दोऽनुष्टुप्प्रतिष्ठान्ता छिद्रोपद्रवभेदिनी ॥

chāyādevīc chidranakhā channendrayavisarpiṇī
chando-nuṣṭuppratiṣtantā chīdropadravabhedinī

-55-

छेदा छत्रेश्वरी छिन्ना छूरिका छेदनप्रिया ।
जननी जन्मरहिता जातवेदा जगन्मयी ॥

chedā chatreśvarī chinnā chūrikā chedanapriyā
jananī janmarahitā jātavedā jaganmayī

-56-

जाह्नवी जटिला जेत्री जरामरणवर्जिता ।
जम्बूद्वीपवती ज्वाला जयन्ती जलशालिनी ॥

jāhnavī jaṭilā jetrī jarāmaraṇavarjitā
jambūdvīpavatī jvālā jayantī jalaśālinī

-57-

जितेन्द्रिया जितक्रोधा जितामित्रा जगत्प्रिया ।
जातरूपामयी जिह्वा जानकी जगती जरा ॥

jitendriyā jitakrodhā jitāmitrā jagatpriyā
jātarūpāmayī jihvā jānakī jagatī jarā

-58-

जनित्री जह्नुतनया जगत्त्रयहितैषिणी ।
ज्वालामुखी जपवती ज्वरघ्नी जितविष्टपा ॥

janitrī jahnutanayā jagatrayahitaiṣiṇī
jvālāmukhī japavatī jvaraghnī jitaviṣṭapā

-59-

जिताक्रान्तमयी ज्वाला जाग्रती ज्वरदेवता ।
ज्वलन्ती जलदा ज्येष्ठा ज्याघोषास्फोटदिङ्मुखी ॥

jitātrāntamayī jvālā jāgratī jvaradevatā
jvalantī jaladā jyeṣṭā jyāghoṣāsphoṭadiṅmukhī

-60-

जम्भिनी जृम्भणा जृम्भा ज्वलन्माणिक्यकुण्डला ।
झिंझिका झणनिर्घोषा झंझामारुतवेगिनी ॥

jambhinī jṛmbhaṇā jṛmbhā jvalanmāṇikyakuṇḍalā
jhiṁjhikā jhaṇanirghoṣā jhaṁjhāmārutaveginī

-61-

झल्लरीवाद्यकुशला ञरूपा ञभूजास्मृता ।
टङ्कवाणसमायुक्ता टङ्किनी टङ्कभेदिनी ॥

jhallarīvādhykuśalā ñarūpā ñabhūjāsmṛtā
ṭaṅkavāṇasamāyuktā ṭaṅkinī ṭaṅkabhedinī

-62-

टङ्कीगणकृताघोषा टङ्कनीयमहोरसा ।
टङ्कारकारिणी देवी ठठशब्दनिनादिनी ॥

ṭaṅkīgaṇakṛtāghoṣā ṭaṇkanīyamahorasā
ṭaṅkārakāriṇī devī ṭhaṭhaśabdaninādinī

-63-

डामरी डाकिनी डिम्भा डुण्डमारैकनिर्जिता ।
डामरीतन्त्रमार्गस्था डमड्डमरुनादिनी ॥

ḍāmarī ḍākinī ḍimbhā ḍuṇḍamāraikanirjitā
ḍāmarītantramārgasthā ḍamaḍḍamarunādinī

-64-

डिण्डीरवसहा डिम्भलसत्क्रीडापरायणा ।
दुण्ढिविघ्नेशजननी ढक्काहस्ता ढिलिव्रजा ॥

ḍinḍīravasahā ḍimbhalasakrīḍāparāyaṇā
duṅḍhivighneśajananī ḍhakkāhastā ḍhilivrajā

-65-

नित्यज्ञाना निरुपमा निर्गुणा नर्मदा नदी ।
त्रिगुणा त्रिपदा तन्त्री तुलसी तरुणा तरुः ॥

nityajñānā nirupamā nirguṇā narmadā nadī
triguṇā tripadā tantrī tulasī taruṇā taruḥ

-66-

त्रिविक्रमपदाक्रान्ता तुरीयपदगामिनी ।
तरुणादित्यसङ्काशा तामसी तुहिना तुरा ॥

trivikramapadākrāntā turīyapadagāminī
taruṇādityasaṇkāśā tāmasī tuhinā turā

-67-

त्रिकालज्ञानसम्पन्ना त्रिवली च त्रिलोचना ।
त्रिशक्तीस्त्रिपुरा तुङ्गा तुरङ्गवदना तथा ॥

trikālajñānasampannā trivalī ca trilocanā
triśaktīstripurā tuṅgā turaṅgavadanā tathā

-68-

तिमिङ्गिलगिला तीव्रा त्रिस्रोता तामसादिनी ।
तन्त्रमन्त्रविशेषज्ञा तनुमध्या त्रिविष्टपा ॥

timiṅgilagilā tīvrā trisrotā tāmasādinī
tantramantravaśeṣajñā tanumadhyā triviṣṭapā

-69-

त्रिसन्ध्या त्रिस्तनी तोषसंस्था तालप्रतापिनी ।
ताटङ्किनीतुषाराभा तुहिनाचलवासिनी ॥

trisandhyā tristanī toṣa saṁsthā tālapratāpinī
tāṭaṅkinītuṣārābhā tuhinācalavāsinī

-70-

तन्तुजालसमायुक्ता तारहारावलिप्रिया ।
तिलहोमप्रिया तीर्था तमालकुसुमाकृतिः ॥

tāntujālasamāyuktā tārahārāvalipriyā
tilahomapriyā tīrthā tamālakusumākṛtiḥ

-71-

तारका त्रियुता तन्वी त्रिशंकुपरिवारिता ।
तलोदरी तिलाभूषा ताटङ्कप्रियवाहिनी ॥

tārakā triyuktā tanvī triśaṁkuparivāritā
talodarī tilābhūṣā tāṭaṅkāpriyavāhinī

-72-

त्रिजटा तित्तिरी तृष्णा त्रिविधा तरुणाकृतीः ।
तप्तकाञ्चनसङ्काशा तप्तकाञ्चनभूषणा ॥

trijaṭā tittirī tṛṣṇā trividhā taruṇākṛtīḥ
taptakāñcanasaṅkāśā taptakāñcanabhūṣaṇā

-73-

त्रैयम्बका त्रिवर्गा च त्रिकालज्ञानदायिनी ।
तर्पणा तृप्तिदा तृप्ता तामसी तुम्बुरुस्तुता ॥

traiyambakā trivargā ca trikālajñānadāyinī
tarpaṇā tṛiptidā tṛptā tāmasī tumburustutā

-74-

तार्क्ष्यस्था त्रिगुणाकारा त्रिभङ्गीतनुवल्लरिः ।
थात्कारी थारवा थान्ता दोहिनी दीनवत्सला ॥

tārkṣyasthā triguṇākārā tribhaṅgotanuvallariḥ
thātkārī thāravā thāntā dohinī dīnavatsalā

-75-

दानवान्तकरी दुर्गा दुर्गासुरनिबर्हिणी ।
देवरीतिर्दिवारात्रि द्रौपदी दुन्दुभिस्वना ॥

dānavāntakarī durgā durgāsuranibarhiṇī
devarītirdivārātri draupadī dundubhisvanā

-76-

देवयानी दुरावासा दारिद्र्योद्भेदिनी दिवा ।
दामोदरप्रिया दीप्ता दिग्वासा दिग्विमोहिनी ॥

devayānī durāvāsā dāridryodbhedinī divā
dāmodarapriyā dīptā digvāsā digvimohinī

-77-

दण्डकारण्यनिलया दण्डिनी देवपूजिता ।
देववन्द्या दिविषद्वा द्वेषिणी दानवाकृतिः ॥

daṇḍakāraṇyanilayā daṇḍinī devapūjitā
devavandhyā diviṣadvā dveṣiṇī dānavākṛtiḥ

-78-

दीनानाथस्तुता दीक्षा दैवतादिस्वरूपिणी ।
धात्री धनुर्धरा धेनुर्धारिणी धर्मचारिणी ॥

dīnānāthastutā dīkṣā daivatādisvarūpiṇī
dhātrī dhanurdharā dhenurdhāriṇī dharmacāriṇī

-79-

धरंधरा धराधरा धनदा धान्यदोहिनी ।
धर्मशीला धनाध्यक्षा धनुर्वेदविशारदा ॥

dharaṁdharā dharādharā dhanadā dhānyadohinī
dharmaśīlā dhanādhyakṣā dhanurvedaviśāradā

-80-

धृतीर्धन्या धृतपदा धर्मराजप्रिया ध्रुवा ।
धूमावती धूमकेशी धर्मशास्त्रप्रकाशिनी ॥

dhṛtīrdhanyā dhṛtapadā dharmarājapriyā dhruvā
dhūmāvatī dhūmakeśī dharmaśāstraprakāśinī

-81-

नन्दानन्दप्रिया निद्रा नृनुता नन्दनात्मिका ।
नर्मदा नलिनी नीला नीलकण्ठसमाश्रया ॥

nandānandapriyā nidrā nṛnutā nandanātmikā
narmadā nalinī nīlā nīlakaṇṭhasamāśrayā

-82-

नारायणप्रिया नित्या निर्मला निर्गुणा निधिः ।
निराधारा निरुपमा नित्यशुद्धा निरञ्जना ॥

nārāyaṇapriyā nityā nirmalā nirguṇā nidhiḥ
nirādhārā nirupamā nityaśuddhā nirañjanā

-83-

नादबिन्दुकलातीता नादबिन्दुकलात्मिका ।
नृसिंहिनी नगधरा नृपनागविभूषिता ॥

nādabindukalātītā nādabindukalātmikā
nṛsiṁhinī nagadharā nṛpanāgavibhūṣitā

-84-

नरकक्लेशशमनी नारायणपदोद्भवा ।
निरवद्या निराकारा नारदप्रियकारिणी ॥

narakakleśaśamanī nārāyaṇapadodbhavā
niravadyā nirākārā nāradapriyakāriṇī

-85-

नानाज्योतिःसमाख्याता निधिदा निर्मलात्मिका ।
नवसूत्रधरा नीतिर्निरुपद्रवकारिणी ॥

nānājyotiḥsamākhyātā nidhidā nirmalātmikā
navasūtradharā nītirnirupadravakāriṇī

-86-

मन्दजा नवरत्नाढ्या नैमिषारण्यवासिनी ।
नवनीतप्रिया नारी नीलजीमूतनिस्वना ॥

mandajā navaratnāḍhyā naimiṣāraṇyavāsinī
navanītapriyā nārī nīlajīmūtanisvanā

-87-

निमेषिणी नन्दीरूपा नीलग्रीवा निशीश्वरी ।
नामावलीर्निशुम्भघ्नी नागलोकनिवासिनी ॥

nimeṣiṇī nandīrūpā nīlagrīvā niśīśvarī
nāmāvalīrniśumbhaghnī nāgalokanivāsinī

-88-

नवजांबूनदप्रख्या नागलोकाधिदेवता ।
नूपुराक्रान्तचरणा नरचित्तप्रमोदिनी ॥

navajāṁbūnadaprakhyā nāgalokādhidevatā
nūpurākrāntacaraṇā naracittapramodinī

-89-

निमग्नारक्तनयना निर्घातसमनिस्वना ।
नन्दनोद्यानलिलया निर्व्युहोपरिचारिणी ॥

nimangāraktanayanā nirghātasamanisvanā
nandanodhyānanilayā nirvyuhoparicāriṇī

-90-

पार्वती परमोदारा परब्रह्मात्मिका परा ।
पञ्चकोशविनिर्मुक्ता पञ्चपातकनाशिनी ॥

pārvatī paramodārā parabrahmātmikā parā
pañcakośavinirmuktā pañcapātakanāśinī

-91-

परचित्तविधानज्ञा पञ्चिका पञ्चरूपिणी ।
पूर्णिमा परमा प्रीतिः परतेजःप्रकाशिनी ॥

paracittavidhānajñā pañcikā pañcarūpiṇī
pūrṇimā paramā prītiḥ paratejaḥprakāśinī

-92-

पुराणी पौरुषी पुण्या पुण्डरीकनिभेक्षणा ।
पाताळतलनिर्मग्ना प्रीता प्रीतिविवर्धिनी ॥

purāṇī pauruṣī puṇyā puṇḍarīkanibhekṣaṇā
pātālatalanirmagnā prītā prītivivardhinī

-93

पावनी पादसहिता पेशला पवनाशिनी ।
प्रजापतिः परिश्रान्ता पर्वतस्तनमण्डला ॥

pāvanī pādasahitā peśalā pavanāśinī
prajāpatiḥ pariśrāntā parvatastanamaṇḍalā

-94-

पद्मप्रिया पद्मसंस्था पद्माक्षी पद्मसंभवा ।
पद्मपत्रा पद्मपदा पद्मिनी प्रियभाषिणी ॥

padmapriyā padmasaṁsthā
padmākṣī padmasaṁbhavā
padmapatrā padmapadā padminī priyabhāṣiṇī

-95-

पशुपाशविनिर्मुक्ता पुरन्ध्री पुरवासिनी ।
पुष्कला पुरुषा पर्वा पारिजातकुसुमप्रिया ॥

paśupāśavinirmuktā puranghrī puravāsinī
puṣkalā puruṣā parvā pārijātakusumapriyā

-96-

पतिव्रता पवित्राङ्गी पुष्पहासपरायणा ।
प्रज्ञावतीसुता पौत्री पुत्रपूज्या पयस्विनी ॥

pativratā pavitrāṅgī puṣpahāsaparāyaṇā
prajñāvatīsutā pautrī putrapūjyā payasvinī

-97-

पट्टिपाशधरा पङ्क्ती पितृलोकप्रदायिनी ।
पुराणी पुण्यशीला च प्रणतार्तिविनाशिनी ॥

paṭṭipāśādhārā pāṅtkī pitṛlokāprādāyinī
purāṇī puṇyāśīlā cā prāṇātārtivināśinī

-98-

प्रद्युम्नजननी पुष्टा पितामहपरिग्रहा ।
पुण्डरीकपुरावासा पुण्डरीकसमानना ॥

pradhyumnajananī puṣtā pitāmahaparigrahā
puṇḍarīkapurāvāsā puṇḍarīkasamānanā

-99-

पृथुजङ्घा पृथुभुजा पृथुपादा पृथूदरी ।
प्रवालशोभा पिङ्गाक्षी पीतवासः प्रचापला ॥

pṛthujaṅghā pṛthubhujā pṛthupādā pṛthūdarī
pravālaśobhā piṅgākṣī pītavāsaḥ pracāpalā

-100-

प्रसवा पुष्टिदा पुण्या प्रतिष्ठा प्रणवागतिः ।
पञ्चवर्णा पञ्चवाणी पञ्चिका पञ्जरस्थिता ॥

prasavā puṣtidā puṇyā pratiṣṭā praṇavāgitḥ
pañcavarṇā pañcavāṇī pañcikā pañjarasthitā

-101-

परमाया परज्योतिः परप्रीतिः परागतिः ।
पराकाष्ठा परेशानी पावनी पावकद्युतिः ॥

paramāyā parajyotiḥ paraprītiḥ parāgatiḥ
parākāṣṭhā pareśānī pāvanī pāvakadyutiḥ

-102-

पुण्यभद्रा परिच्छेद्या पुष्पहासा पृथूदरी ।
पीताङ्गी पीतवसना पीतशय्या पिशाचिनी ॥

puṇyabhadrā paricchedyā puṣpahāsā pṛthūdarī
pītāṇgī pītavasanā pītaśayyā piśācinī

-103-

पीतक्रिया पिशाचघ्नी पाटलाक्षी पटुक्रिया ।
पञ्चभक्षप्रियाचारा पूतना प्राणघातिनी ॥

pītakriyā piśācaghnī pāṭalākṣī paṭukriyā
pañcabhakṣapriyācārā pūtanā prāṇaghātinī

-104-

पुन्नागवनमध्यस्था पुण्यतीर्थनिषेविता ।
पञ्चाङ्गी च पराशक्ती परमाह्लादकारिणी ॥

punnāgavanamadyasthā puṇyatīrthaniṣevitā
pāñcāṅgī ca parāśaktī paramāhlādakāriṇī

-105-

पुष्पकाण्डस्थिता पूषा पोषिताखिलविष्टपा ।
पानप्रिया पञ्चशिखा पन्नगोपरिशायिनी ॥

puṣpakāṇḍasthitā pūṣā poṣitākhilaviṣṭapā
pānapriyā pañcaśikhā pannagopariśāyinī

-106-

पञ्चमात्रात्मिका पृथ्वी पथिका पृथुदोहिनी ।
पुराणन्यायमीमांसा पाटली पुष्पगन्धिनी ॥

pañcamātrātmikā pṛthvī pathikā pṛthudohinī
purāṇanyāyamīmāṁsā pāṭalī puṣpagandhinī

-107-

पुण्यप्रजा पारदात्री परमार्गैकगोचरा ।
प्रवालशोभा पूर्णाशा प्रणवा पल्लवोदरी ॥

puṇyaprajā pāradātrī paramārgaikagocarā
pravālaśobhā pūrṇāśā praṇavā pallavodarī

-108-

फलिनी फलदा फल्गुः फूत्कारी फलकाकृतिः ।
फणीन्द्रभोगशयना फणिमण्डलमण्डिता ॥

phalinī phaladā phalguḥ phūtkārī phalakākṛtiḥ
phaṇīndrabhogaśayanā phaṇimaṇḍalamaṇḍitā

-109-

बालबाला बहुमता बालातपनिभांशुका ।
बलभद्रप्रिया वन्द्या बडवा बुद्धिसंस्तुता ॥

bālabālā bahumatā bālātapanibhāṁśukā
balabhadrapriyā vandyā baḍavā budhisaṁstutā

-110-

बन्दीदेवी बिलवती बडिशघ्नी बलिप्रिया ।
बान्धवीबोधिता बुद्धिर्बन्धूककुसुमप्रिया ॥

bandīdevī bilavatī baḍiśaghnī balipriyā
bāndhavībodhitā buddhirbandhūkakusumapriyā

-111-

बालभानुप्रभाकारा ब्राह्मी ब्राह्मणदेवता ।
बृहस्पतिस्तुता बृन्दा बृन्दावनविहारिणी ॥

bālabhānuprabhākārā brāhmī brāhmaṇadevatā
bṛhaspatistutā bṛndā bṛndāvanavihāriṇī

-112-

बालाकिनी बिलाहारा बिलवासा बहूदका ।
बहुनेत्रा बहुपदा बहुकर्णावतंसिका ॥

bālākinī bilāhārā bilavāsā bahūdakā
bahunetrā bahupadā bahukarṇāvataṁsikā

-113-

बहुवाहुयुता बीजरूपिणी बहुरूपिणी ।
बिन्दुनादकलातीता बिन्दुनादस्वरूपिणी ॥

bahuvāhuyutā bījarūpiṇī bahurūpiṇī
bindunādakalātītā bindunādasvarūpiṇī

-114-

बद्धगोधाङ्गुलित्राणा बदर्याश्रमवासिनी ।
बृन्दारका बृहत्स्कन्धा बृहती बाणपातिनी ॥

baddhagodhāṅgulitrāṇā badaryāśramavāsinī
bṛndārakā bṛhatskandhā bṛhatī bāṇapātinī

-115-

बृन्दाध्यक्षा बहुनुता बनिता बहुविक्रमा ।
बद्धपद्मासनासीना बिल्वपत्रतलस्थिता ॥

bṛndādhyakṣā bahunutā banitā bahuvikramā
baddhapadmāsanāsīnā bilvapatratalasthitā

-116-

बोधिद्रुमनिजावासा बडिस्था बिन्दुदर्पणा ।
बाला बाणासनवती बडवानलवेगिनी ॥

bodhidrumanijāvāsā baḍisthā bindudarpaṇā
bālā bāṇāsanavatī baḍavānalaveginī

-117-

ब्रह्माण्डवहिरन्तःस्था ब्रह्मकङ्कणसूत्रिणी ।
भवानी भीषणवती भाविनी भयहारिणी ॥

brahmāṇḍavahirantaḥsthā brahmakaṇkaṇasūtriṇī
bhavānī bhīṣaṇavatī bhāvinī bhayahāriṇī

-118-

भद्रकाली भुजङ्गाक्षी भारती भारताशया ।
भैरवी भीषणाकारा भूतिदा भूतिमालिनी ॥

bhadrakālī bhujaṅgākṣī bhāratī bhāratāśayā
bhairavī bhīṣaṇākārā bhūtidā bhūtimālinī

-119-

भामिनी भोगनिरता भद्रदा भूरिविक्रमा ।
भूतवासा भृगुलता भार्गवी भूसुरार्चिता ॥

bhāminī bhoganiratā bhadradā bhūrivikramā
bhūtavāsā bhṛgulatā bhārgavī bhūsurārcitā

-120-

भागीरथी भोगवती भवनस्था भिषग्वरा ।
भामिनी भोगिनी भाषा भवानी भूरिदक्षिणा ॥

bhāgīrathī bhogavatī bhavanasthā bhiṣagvarā
bhāminī bhoginī bhāṣā bhavānī bhūridakṣiṇā

-121-

भर्गात्मिका भीमवती भवबन्धविमोचिनी ।
भजनीया भूतधात्रीरञ्जिता भुवनेश्वरी ॥

bhargātmikā bhīmavatī bhavabandhavimocinī
bhajanīyā bhūtadhātrīrañjitā bhuvaneśvarī

-122-

भुजङ्गवलया भीमा भेरुण्डा भागधेयिनी ।
माता माया मधुमती मधुजिह्वा मधुप्रिया ॥

bhujāṅgāvālāyā bhīmā bheruṇḍā bhāgadheyinī
mātā māyā madhumatī madhujivā madhupriyā

-123-

महादेवी महाभागा मालिनी मीनलोचना ।
मायातीता मधुमती मधुमांसा मधुद्रवा ॥

mahādevī mahābhāgā mālinī mīnalocanā
māyātītā madhumatī madhumāṁsā madhudravā

-124-

मानवी मधुसम्भूता मिथिलापुरवासिनी ।
मधुकैटभसंहर्त्री मेदिनी मेघमालिनी ॥

mānavī madhusambhūtā mithilāpuravāsinī
madhukaiṭabhasaṁhartrī medinī meghamālinī

-125-

मन्दोदरी महामाया मैथिली मसृणप्रिया ।
महालक्ष्मीर्महाकाली महाकन्या महेश्वरी ॥

mandodarī mahāmāyā maithilī masṛṇapriyā
mahālaksmīrmahākālī mahākanyā maheśvarī

-126-

माहेन्द्री मेरुतनया मन्दारकुसुमार्चिता ।
मञ्जुमञ्जीरचरणा मोक्षदा मञ्जुभाषिणी ॥

māhendrī merutanayā mandārakusumārcitā
mañjumañjīracaraṇā mokṣadā mañjubhāṣiṇī

-127-

मधुरद्राविणी मुद्रा मलया मलयान्विता ।
मेधा मरकतश्यामा मागधी मेनकात्मजा ॥

madhuradrāviṇī mudrā malayā malayānvitā
medhā marakataśyāmā māgaghī menakātmajā

-128-

महामारी महावीरा महाश्यामा मनुस्तुता ।
मातृका मिहिराभासा मुकुन्दपदविक्रमा ॥

mahāmārī mahāvīrā mahāśyāmā manustutā
mātṛkā mihirābhāsā mukundapadavikramā

-129-

मूलाधारस्थिता मुग्धा मणिपूरकवासिनी ।
मृगाक्षी महिषारूढा महिषासुरमर्दिनी ॥

mūlādhārasthitā mugdhā maṇipūrakavāsinī
mṛgākṣī mahiṣārūḍhā mahiṣāsuramardinī

-130-

योगासना योगगम्या योगा यौवनकाश्रया ।
यौवनी युद्धमध्यस्था यमुना युगधारिणी ॥

yogāsanā yogagamyā yogā yauvanakāśrayā
yauvanī yuddhamadhyasthā yamunā yugadhāriṇī

-131-

यक्षिणी योगयुक्ता च यक्षराजप्रसूतिनी ।
यात्रा यानविधानज्ञा यदुवंशसमुद्भवा ॥

yakṣiṇī yogayuktā ca yakṣarājaprasūtinī
yātrā yānividhānajñā yaduvaṁśasamudbhavā

-132-

यकारानिहकारान्ता याजुषी यज्ञरूपिणी ।
यामिनी योगनिरता यातुधानभयङ्करी ॥

yakārānihakārāntā yājuṣī yajñarūpiṇī
yāminī yoganiratā yātudhānabhayaṅkarī

-133-

रुक्मिणी रमणी रामा रेवती रेणुका रतिः ।
रौद्री रौद्रप्रियाकारा राममाता रतिप्रिया ॥

rukmiṇī ramaṇī rāmā revatī reṇukā ratiḥ
raudrī raudrapriyākārā rāmamātā ratipriyā

-134-

रोहिणी राज्यदा रेवा रमा राजीवलोचना ।
राकेशी रूपसम्पन्ना रत्नसिंहासनस्थिता ॥

rohiṇī rājyjadā revā ramā rājīvalocanā
rākeśī rūpasampannā ratnasiṁhāsanasthitā

-135-

रक्तमाल्याम्बरधरा रक्तगन्धानुलेपना ।
राजहंससमारूढा रम्भा रक्तबलिप्रिया ॥

raktamālyāmbaradharā raktagandhānulepanā
rājahaṁsasamārūḍhā rambhā raktabalipriyā

-136-

रमणीययुगाधारा राजिताखिलभूतला ।
रुरुचर्मपरीधाना रथिनी रत्नमालिका ॥

ramaṇīyayugādhārā rājitākhilabhūtalā
rurucarmaparīdhānā rathinī ratnamālikā

-137-

रोगेशी रोगशमनी राविणी रोमहर्षिणी ।
रामचन्द्रपदाक्रान्ता रावणच्छेदकारिणी ॥

rogeśī rogaśamanī rāviṇī romaharṣiṇī
rāmacandrapadākrāntā rāvaṇacchedakāriṇī

-138-

रत्नवस्त्रपरिच्छिन्ना रथस्थायै रुक्मभूषणा ।
लज्जाधिदेवता लोला ललिता लिङ्गधारिणी ॥

ratnavastraparicchinnā rathasthāyai rukmabhūṣaṇā
lajjādhidevatā lolā lalitā lingadhāriṇī

-139-

लक्ष्मीर्लोला लुप्तविषा लोकिनी लोकविश्रुता ।
लज्जा लम्बोदरीदेवी ललना लोकधारिणी ॥

lakṣmīrlolā luptaviṣā lokinī lokaviśrutā
lajjā lambodarīdevī lalanā lokadhāriṇī

-140-

वरदा वन्दिता विद्या वैष्णवी विमलाकृतिः ।
वाराही विरजा वर्षा वरलक्ष्मीर्विलासिनी ॥

varadā vanditā vidyā vaiṣṇavī vimalākṛtiḥ
vārāhī virajā varṣā varalakṣmīrvilāsinī

-141-

विनता व्योममध्यस्था वारिजासनसंस्थिता ।
वारुणी वेणुसंभूता वीतिहोत्रा विरूपिणी ॥

vinatā vyomamadhyasthā vārijāsanasaṁsthitā
vāruṇī veṇusaṁbhūtā vītihotrā virūpiṇī

-142-

वायुमण्डलमध्यस्था विष्णुरूपा विधिप्रिया ।
विष्णुपत्नी विष्णुमती विशालाक्षी वसुन्धरा ॥

vāyumaṇḍalamadhyasthā viṣṇurūpā vidhipriyā
viṣṇupatnī viṣṇumatī viśālākṣī vasundharā

-143-

वामदेवप्रिया वेला वज्रिणी वसुदोहिनी ।
वेदाक्षरपरीताङ्गी वाजपेयफलप्रदा ॥

vāmadevapriyā velā vajriṇī vasudohinī
vedākṣaraparītāṇgī vājapeyaphalapradā

-144-

वासवी वामजननी वैकुण्ठनिलया वरा ।
व्यासप्रिया वर्मधरा वाल्मीकिपरिसेविता ॥

vāsavī vāmajananī vaikuṇṭhanilayā varā
vyāsapriyā varmadharā vālmīkiparisevitā

-145-

शाकम्भरी शिवा शान्ता शारदा शरणागतिः ।
शातोदरी शभाचारा शुम्भासुरविमर्दिनी ॥

śākambharī śivā śāntā śāradā śaraṇāgatiḥ
śātodarī śabhācārā śumbhāsuravimardinī

-146-

शोभावती शिवाकारा शङ्करार्धशरीरिणी ।
शोणा शुभाशया शुभ्रा शिरःसन्धानकारिणी ॥

śobhāvatī śivākārā śaṅkarārdhaśarīriṇī
śoṇā śubhāśayā śubhrā śiraḥsandhānakāriṇī

-147-

शरावती शरानन्दा शरज्ज्योत्स्ना शुभानना ।
शरभा शूलिनी शुद्धा शबरी शुकवाहना ॥

śarāvatī śarānandā śarajjyotsnā śubhānanā
śarabhā śūlinī śuddhā śabarī śukavāhanā

-148-

श्रीमती श्रीधरानन्दा श्रवणानन्ददायिनी ।
शर्वाणी शर्वरीवन्द्या षड्भाषा षडृतुप्रिया ॥

śrīmatī śrīdharānandā śravaṇānandadāyinī
śarvāṇī śarvarīvandyā ṣaḍbhāṣā ṣaṅṛtupriyā

-149-

षडाधारस्थिता देवी षण्मुखप्रियकारिणी ।
षडङ्गरूपसुमति सुरासुरनमस्कृता ॥

ṣaḍādhārasthitā devī ṣaṇmukhapriyakāriṇī
ṣaḍaṇgarūpasumati surāsuranamaskṛtā

-150-

सरस्वती सदाधारा सर्वमङ्गलकारिणी ।
सामगानप्रिया सूक्ष्मा सावित्री सामसम्भवा ॥

sarasvatī sadādhārā sarvamaṅgalakāriṇī
sāmagānapriyā sūkṣmā sāvitrī sāmasambhavā

-151-

सर्वावासा सदानन्दा सुस्तनी सागराम्बरा ।
सर्वैश्वर्यप्रिया सिद्धीः साधुबन्धुपराक्रमा ॥

sarvāvāsā sadānandā sustanī sāgarāmbarā
sarvaiśvaryapriyā siddhīḥ sādhubandhuparākramā

-152-

सप्तर्षिमण्डलगता सोममण्डलवासिनी ।
सर्वज्ञा सान्द्रकरुणा समानाधिकवर्जिता ॥

saptarṣirmaṇḍalagatā somamaṇḍalavāsinī
sarvajñā sāndrakaruṇā samānādhikavarjitā

-153

सर्वोत्तुङ्गा संगहीना सद्गुणा सकलेष्टदा ।
सरघा सूर्यतनया सुकेशी सोमसंहतिः ॥

sarvottuṇgā saṁgahīnā sadguṇā sakaleṣṭadā
saraghā sūryatanayā sukeśī somasaṁhatiḥ

-154-

हिरण्यवर्णा हरिणी ह्रींकारी हंसवाहिनी ।
क्षौमवस्त्रपरीताङ्गी क्षीराब्धितनया क्षमा ॥

hiraṇyavarṇā hariṇī hrīṁkārī haṁsavāhinī
kṣaumavastraparītāṇgī kṣīrābdhitanayā kṣamā

-155-

गायत्री चैव सावित्री पार्वती च सरस्वती ।
वेदगर्भा वरारोहा श्रीगायत्री पराम्बिका ॥

gāyatrī caiva sāvitrī pārvatī ca sarasvatī
vedagarbhā varārohā śrīgāyatrī parāmbikā

-156-

इति साहस्रकं नाम्नां गायत्र्याश्चैव नारद ।
पुण्यदं सर्वपापघ्नं महासम्पत्तिदायकम् ॥

iti sāhasrakaṁ nāmnāṁ gāyatryāścaiva nārada
puṇyadaṁ sarvapāpaghnaṁ mahāsampattidāyakam

Oh Nārada thus ends the thousand names of Gāyatrī. They give merit, take away all sin, and grant the great wealth.

-157-

एवं नामानि गायत्र्यास्तोषोत्पत्तिकराणि हि ।
अष्टम्यां च विशेषेण पठितव्यं द्विजैः सह ॥

evaṁ nāmāni gāyatryāstoṣotpattikaraṇihi
aṣṭamyāṁ caviśeṣeṇa paṭhitavyaṁ dvijaiḥ saha

And these names of Gāyatrī are the cause of progress and benefit, especially if they are recited with the twice born knowers of divinity on the eighth day of the fortnight.

-158-

जपं कृत्वा होमपूजाध्यानं कृत्वा विशेषतः ।
यस्मै कस्मै न दातव्यं गायत्र्यास्तु विशेषतः ॥

japaṁ kṛtvā homapūjādhyānaṁ kṛtvā viśeṣataḥ
yasmai kasmai na dātavyaṁ gāyatryāstu viśeṣataḥ

Perform japa (recitation of mantras), homa (sacred fire ceremony), pūjā (worship), and give of your wealth to the needy, and especially whatever you do, do for Gāyatrī,

-159-

सु-भक्ताय सु-शिष्याय वक्तव्यं भूसुराय वै ।
भ्रष्टेभ्यः साधकेभ्यश्च बान्धवेभ्यो व दर्शयेत् ॥

su-bhaktāya su śiṣyāya vaktavyaṁ bhūsurāya vai
bhraṣṭebhyaḥ sādhakebhyaśca
bāndhavebhyo va darśayet

and especially cause Her vision to be seen and Her words to be heard by excellent devotees, children, brahmins, spouses, relatives, and sādhus.

-160-

यद् गृहे लिखितं शास्त्रं भयं तस्य न कस्यचित् ।
चञ्चलाऽपि स्थिरा भूत्वा कमला तत्र तिष्ठति ॥

yad gṛhe likhitaṁ śāstraṁ bhayaṁ tasya na kasyacit
cañcalā-pi sthirā bhūtvā kamalā tatra tiṣṭati

In whatever house is kept the writing of this scripture, no fear will ever come. All anxiety will become still and Goddess Lakṣhmī will always dwell there.

-161-

इदं रहस्यं परमं गुह्याद् गुह्यतरं महत् ।
पुण्यप्रदं मनुष्याणां दरिद्राणां निधिप्रदम् ॥

idaṁ rahasyaṁ paramaṁ guhyād guhyataraṁ mahat
puṇyapradaṁ manuṣyāṇāṁ daridrāṇāṁ nidhipradam

This is the supreme secret, which is most hidden and well concealed. It grants merit to all men and destroys all affliction.

-162-

मोक्षप्रदं मुमुक्षूणां कामिनां सर्वकामदम् ।
रोगाद्वै मुच्यते रोगी बद्धो मुच्येत बन्धनात् ॥

mokṣapradaṁ mumukṣūṇāṁ
kāmināṁ sarvakāmadam
rogādvai mucyate rogī baddho mucyeta bandhanāt

It grants liberation to seekers of liberation, and fulfillment of desires to those who are desirous. It destroys the illness of the infirm and the bondage of those who are bound.

-163-

ब्रह्महत्यासुरापानं सुवर्णस्तेयिनो नराः ।
गुरुतल्पगतो वापि पातकान्मुच्यते सकृत् ॥

brahmahatyāsurāpānaṁ suvarṇasteyiṁno narāḥ
gurutalpagato vāpi pātakānmucyate sakṛt

It destroys the sins of men who have committed the worst sins like killing a knower of divinity, seeking intoxication, stealing another's wealth, or disregarding the guru.

-164-

असत्प्रतिग्रहाच्चैवाऽभक्ष्यभक्षाद्विशेषतः ।
पाखण्डाऽनृतमुख्येभ्यः पठनादेव मुच्यते ॥

asatpratigrahāccaivā-bhakṣyabhakṣādviśeṣataḥ
pākhaṇḍā-nṛtamukhyebhyaḥ paṭhanādeva mucyate

Its recitation removes the bad effects of even taking money by untruthful means, eating forbidden food, being a fraud or leading others to their harm by deceitful means.

-165-

इदं रहस्यममलं मयोक्तं पद्मजोद्भव ।
ब्रह्मसायुज्यदं नृणां सत्यं सत्यं न संशयः ॥

idāṁ rahasyamamalaṁ mayoktaṁ padmajodbhava
brahmasāyujyadaṁ nṛṇāṁ
satyaṁ satyaṁ na saṁśayaḥ

This divine secret was told to me by the One who was born in a Lotus (Brahma). It confers upon humanity full and complete union with the Supreme Divinity. It is true! It is true! Of this there is no doubt.

इति श्रीदेवीभागवते महापुराणे द्वादशस्कन्धे
गायत्रीसहस्रनामस्तोत्रकथनं नाम षष्ठोऽध्यायः ॥

iti śrīdevībhāgavate mahāpurāṇe dvādaśaskandhe
gāyatrīsahasranāmastotra
kathanaṁ nāma ṣaṣṭho-dhyāyaḥ

Thus ends the sixth chapter of the Twelfth Book of the Śrī Devī Bhāgavatam Mahāpurāṇa, named the Thousand Names of the Goddess Gāyatrī.

अथ गायत्रीसहस्रनामावल्याः स्वाहाकारविधिः

atha gāyatrīsahsranāmāvalyāḥ svāhākāravidhiḥ

And now, the list of a Thousand Names of the Goddess Gāyatrī for making oblations to the Divine Fire

-1-

ॐ अचिन्त्यलक्षणायै स्वाहा

oṁ acintyalakṣaṇāyai svāhā

She who is the definition of the unthinkable

-2-

ॐ अव्यक्तायै स्वाहा

oṁ avyaktāyai svāhā

She who is whole

-3-

ॐ अर्थमातृमहेश्वर्यै स्वाहा

oṁ arthamātṛmaheśvaryai svāhā

She who is the supreme goddess of the mother of all meanings

-4-

ॐ अमृतार्णवमध्यस्थायै स्वाहा

oṁ amṛtārṇavamadhyasthāyai svāhā

She who is situated in the midst of the ocean of immortal nectar

-5-

ॐ अजितायै स्वाहा

oṁ ajitāyai svāhā

She who cannot be conquered

-6-

ॐ अपराजितायै स्वाहा

oṁ aparājitāyai svāhā

She who is undefeatable

-7-

ॐ अणिमादिगुणाधारायै स्वाहा

oṁ aṇimādiguṇādhārāyai svāhā

She who supports all qualities like the ability to become small, etc.

-8-

ॐ अर्कमण्डलसंस्थितायै स्वाहा

oṁ arkamaṇḍalasaṁsthitāyai svāhā

She who is situated in the circle of the sun

-9-

ॐ अजरायै स्वाहा

oṁ ajarāyai svāhā

She who is never old

-10-

ॐ अजायै स्वाहा

oṁ ajāyai svāhā

She who is unborn

-11-

ॐ अपरायै स्वाहा

oṁ aparāyai svāhā

She who belongs to all

-12-

ॐ अधर्मायै स्वाहा

oṁ adharmāyai svāhā

She who has no ideals contrary to the ideal of perfection

-13-

ॐ अक्षसूत्रधरायै स्वाहा

oṁ akṣasūtradharāyai svāhā

She who supports the expression of the eternal from A to Kṣa

-14-

ॐ अधरायै स्वाहा

oṁ adharāyai svāhā

She who is the support of all

-15-

ॐ अकारादिक्षकारान्तायै स्वाहा

oṁ akārādikṣakārāntāyai svāhā

She who is complete from beginning to end, from A to Kṣa

-16-

ॐ अरिषड्वर्गभेदिन्यै स्वाहा

oṁ ariṣaḍvargabhedinyai svāhā

She who rules six enemies of the earth (ripus)

-17-

ॐ अञ्जनादिप्रतीकाशायै स्वाहा

oṁ añjanādipratīkāśāyai svāhā

She who shines like the blue mountains

-18-

ॐ अञ्जनाद्रिनिवासिन्यै स्वाहा

oṁ añjanādrinivāsinyai svāhā

She who resides in the blue mountains

-19-

ॐ अदित्यै स्वाहा

oṁ adityai svāhā

She who is the mother of the gods

-20-

ॐ अजपायै स्वाहा

oṁ ajapāyai svāhā

She whose recitation of mantras is without effort

-21-

ॐ अविद्यायै स्वाहा

oṁ avidyāyai svāhā

She who is ignorance

-22-

ॐ अरविन्दनिभेक्षणायै स्वाहा

oṁ aravindanibhekṣaṇāyai svāhā
She who is perceived as a lotus

-23-

ॐ अन्तर्बहिःस्थितायै स्वाहा

oṁ antarbahiḥsthitāyai svāhā
She who is situated both inside and outside

-24-

ॐ अविद्याध्वंसिन्यै स्वाहा

oṁ avidyādhvaṁsinyai svāhā
She who destroys ignorance

-25-

ॐ अन्तरात्मिकायै स्वाहा

oṁ antarātmikāyai svāhā
She who is the capacity of the soul within

-26-

ॐ अजायै स्वाहा

oṁ ajāyai svāhā
She who is unborn

-27-

ॐ अजमुखावासायै स्वाहा

oṁ ajamukhāvāsāyai svāhā
She who resides in the mouth of the eternal

-28-

ॐ अरविन्दनिभाननायै स्वाहा

oṁ aravindanibhānanāyai svāhā
She who speaks with great illumination from her lotus mouth

-29-

ॐ अर्धमात्रायै स्वाहा

oṁ ardhamātrāyai svāhā
She who is half a verse

-30-

ॐ अर्थदानज्ञायै स्वाहा

oṁ arthadānajñāyai svāhā

She who always gives the wealth of dharma, artha, kāma, and mokṣa

-31-

ॐ अरिमण्डलमर्दिन्यै स्वाहा

oṁ arimaṇḍalamardinyai svāhā

She who destroys the circle of enemies

-32-

ॐ असुरध्न्यै स्वाहा

oṁ asuradhnyai svāhā

She who slays the forces of duality

-33-

ॐ अमावास्यायै स्वाहा

oṁ amāvāsyāyai svāhā

She who is the dark night

-34-

ॐ अलक्ष्मीघ्नन्त्यै स्वाहा

oṁ alakṣmīghnantyai svāhā

She who slays inauspicious characteristics

-35-

ॐ अजार्चितायै स्वाहा

oṁ ajārcitāyai svāhā

She who is worshipped eternally

-36-

ॐ आदिलक्ष्म्यै स्वाहा

oṁ ādilakṣmyai svāhā

She who is the primary goal

-37-

ॐ आदिशक्त्यै स्वाहा

oṁ ādiśaktyai svāhā
She who is the primary energy

-38-

ॐ आकृत्यै स्वाहा

oṁ ākṛtyai svāhā
She who is unmade

-39-

ॐ आयताननायै स्वाहा

oṁ āyatānanāyai svāhā
She whose immense mouth emits a fearful laugh

-40-

ॐ आदित्यपदवीचारायै स्वाहा

oṁ ādityapadavīcārāyai svāhā
She who brings the light of the sun

-41-

ॐ आदित्यपरिसेवितायै स्वाहा

oṁ ādityaparisevitāyai svāhā
She who is served by the sun and other gods

-42-

ॐ आचार्यायै स्वाहा

oṁ ācāryāyai svāhā
She who is the teacher

-43-

ॐ आवर्तनायै स्वाहा

oṁ āvartanāyai svāhā
She who is always in movement

-44-

ॐ आचारायै स्वाहा

oṁ ācārāyai svāhā
She who performs all behavior

-45-

ॐ आदिमूर्तिनिवासिन्यै स्वाहा

oṁ ādimūrtinivāsinyai svāhā

She who resides in the primary image

-46-

ॐ आग्नेय्यै स्वाहा

oṁ āgneyyai svāhā

She who is divine fire

-47-

ॐ आमर्यै स्वाहा

oṁ āmaryai svāhā

She who is unmanifest

-48-

ॐ आद्यायै स्वाहा

oṁ ādyāyai svāhā

She who is foremost

-49-

ॐ आराध्यायै स्वाहा

oṁ ārādhyāyai svāhā

She who is the recipient of worship

-50-

ॐ आसनस्थितायै स्वाहा

oṁ āsanasthitāyai svāhā

She who is seated on an āsana

-51-

ॐ आधारनिलयायै स्वाहा

oṁ ādhāranilayāyai svāhā

She who resides in the mūlādhāra cakra

-52-

ॐ आधारायै स्वाहा

oṁ ādhārāyai svāhā

She who supports her creation

-53-

ॐ आकाशान्तनिवासिन्यै स्वाहा

oṁ ākāśāntanivāsinyai svāhā

She who resides in the peace of the ether

-54-

ॐ आद्याक्षरसमायुक्तायै स्वाहा

oṁ ādyākṣarasamāyuktāyai svāhā

She who is united in all the letters from the beginning

-55-

ॐ आन्तराकाशरूपिण्यै स्वाहा

oṁ āntarākāśarūpiṇyai svāhā

She who is the intrinsic nature of the ether

-56-

ॐ आदित्यमण्डलगतायै स्वाहा

oṁ ādityamaṇḍalagatāyai svāhā

She who is the support of the circle of non-duality

-57-

ॐ आन्तरध्वान्तनाशिन्यै स्वाहा

oṁ āntaradhvāntanāśinyai svāhā

She who slays the ultimate enemies of ignorance

-58-

ॐ इन्दिरायै स्वाहा

oṁ indirāyai svāhā

She who radiates splendor

-59-

ॐ इष्टदायै स्वाहा

oṁ iṣṭadāyai svāhā

She who gives the chosen desire

-60-

ॐ इष्टायै स्वाहा

oṁ iṣṭāyai svāhā

She who is the chosen desire

-61-

ॐ इन्दीवरनिभेक्षणायै स्वाहा

oṁ indīvaranibhekṣaṇāyai svāhā
She who has beautiful lotus eyes

-62-

ॐ इरावत्यै स्वाहा

oṁ irāvatyai svāhā
She who is the River Irāvati

-63-

ॐ इन्द्रपदायै स्वाहा

oṁ indrapadāyai svāhā
She who allows Indra to attain her feet

-64-

ॐ इन्द्राण्यै स्वाहा

oṁ indrāṇyai svāhā
She who is the energy of the rule of the pure

-65-

ॐ इन्दुरूपिण्यै स्वाहा

oṁ indurūpiṇyai svāhā
She who is the form of the moon of devotion

-66-

ॐ इक्षुकोदण्डसंयुक्तायै स्वाहा

oṁ ikṣukodaṇḍasaṁyuktāyai svāhā
She whose discipline is very sweet

-67-

ॐ इषुसन्धानकारिण्यै स्वाहा

oṁ iṣusandhānakāriṇyai svāhā
She who is the cause of seeking the supreme

-68-

ॐ इन्द्रनीलसमाकारायै स्वाहा

oṁ indranīlasamākārāyai svāhā
She who puts the lord of the gods in equilibrium

-69-

ॐ इडापिङ्गलरूपिण्यै स्वाहा

oṁ iḍāpiṅgalarūpiṇyai svāhā

She who is the form of the iḍa and piñgala

-70-

ॐ इन्द्राक्ष्यै स्वाहा

oṁ indrākṣyai svāhā

She who sees through the eyes of Indra

-71-

ॐ ईश्वरीदेव्यै स्वाहा

oṁ īśvarīdevyai svāhā

She who is the supreme goddess

-72-

ॐ ईहात्रयविवर्जितायै स्वाहा

oṁ īhātrayavivarjitāyai svāhā

She who excludes the three attachments

-73-

ॐ उमायै स्वाहा

oṁ umāyai svāhā

She who is the mother of all circumstances

-74-

ॐ उषायै स्वाहा

oṁ uṣāyai svāhā

She who is the goddess of the dawn

-75-

ॐ उडुनिभायै स्वाहा

oṁ uḍunibhāyai svāhā

She shines like the stars

-76-

ॐ उर्वारुवकफलाननायै स्वाहा

oṁ urvāruvakaphalānanāyai svāhā

She whose face gives the fruit of liberation like the cucumber plucked from the stem

-77-

ॐ उडुप्रभायै स्वाहा

oṁ uḍuprabhāyai svāhā

She who shines like a star

-78-

ॐ उडुमत्यै स्वाहा

oṁ uḍumatyai svāhā

She who is the form of the night

-79-

ॐ उडुपायै स्वाहा

oṁ uḍupāyai svāhā

She who has the face of the moon

-80-

ॐ उडुमध्यगायै स्वाहा

oṁ uḍumadhyagāyai svāhā

She who travels amidst the stars

-81-

ॐ ऊर्ध्वायै स्वाहा

oṁ ūrdhvāyai svāhā

She who is above and beyond

-82-

ॐ ऊर्ध्वकेश्यै स्वाहा

oṁ ūrdhvakeśyai svāhā

She who wears the heavens in her hair

-83-

ॐ ऊर्ध्वाधोगतिभेदिन्यै स्वाहा

oṁ ūrdhvādhogatibhedinyai svāhā
She who distinguishes between the highest and lowest

-84-

ॐ ऊर्ध्वबाहुप्रियायै स्वाहा

oṁ ūrdhvabāhupriyāyai svāhā
She who loves arms raised in devotion

-85-

ॐ ऊर्मिमालावाग्ग्रन्थदायिन्यै स्वाहा

oṁ ūrmimālāvāggranthadāyinyai svāhā
She who unites all words in poetry

-86-

ॐ ऋतायै स्वाहा

oṁ ṛtāyai svāhā
She who is imperishable truth

-87-

ॐ ऋषये स्वाहा

oṁ ṛṣaye svāhā
She who is a seer of divinity

-88-

ॐ ऋतुमत्यै स्वाहा

oṁ ṛtumatyai svāhā
She who is the manifestation of the seasons

-89-

ॐ ऋषिदेवनमस्कृतायै स्वाहा

oṁ ṛṣidevanamaskṛtāyai svāhā
She who is respected by seers and gods

-90-

ॐ ऋग्वेदायै स्वाहा

oṁ ṛgvedāyai svāhā
She who is the ṛg veda

-91-

ॐ ऋणहर्त्र्यै स्वाहा

oṁ ṛṇahartryai svāhā

She who expunges all debts

-92-

ॐ ऋषिमण्डलचारिण्यै स्वाहा

oṁ ṛṣimaṇḍalacāriṇyai svāhā

She who moves in the circle of seers

-93-

ॐ ऋद्धिदायै स्वाहा

oṁ ṛddhidāyai svāhā

She who gives increase

-94-

ॐ ऋजुमार्गस्थायै स्वाहा

oṁ ṛjumārgasthāyai svāhā

She who is situated in the path of truth

-95-

ॐ ऋजुधर्मायै स्वाहा

oṁ ṛjudharmāyai svāhā

She who is the true ideal of perfection

-96-

ॐ ऋतुप्रदायै स्वाहा

oṁ ṛtupradāyai svāhā

She who gives the seasons

-97-

ॐ ऋग्वेदनिलयायै स्वाहा

oṁ ṛgvedanilayāyai svāhā

She who resides in the ṛg veda

-98-

ॐ ऋज्व्यै स्वाहा

oṁ ṛjvyai svāhā

She who has a pure nature

-99-

ॐ लुप्तधर्मप्रवर्तिन्यै स्वाहा

oṁ luptadharmapravartinyai svāhā

She who exposes the hidden dharma

-100-

ॐ लूतारिवरसंभूतायै स्वाहा

oṁ lūtārivarasaṁbhūtāyai svāhā

She who destroys the disease of greed

-101-

ॐ लूतादिविषहारिण्यै स्वाहा

oṁ lūtādiviṣahāriṇyai svāhā

She who takes away the poison

-102-

ॐ एकाक्षरायै स्वाहा

oṁ ekākṣarāyai svāhā

She who is expressed by one letter

-103-

ॐ एकमात्रायै स्वाहा

oṁ ekamātrāyai svāhā

She who resides in only one syllable

-104-

ॐ एकायै स्वाहा

oṁ ekāyai svāhā

She who is one and alone

-105-

ॐ एकनिष्ठायै स्वाहा

oṁ ekaniṣṭhāyai svāhā

She who is the one and only discipline

-106-

ॐ ऐन्द्र्यै स्वाहा

oṁ aindrayai svāhā

She who is the energy of the rule of the pure

-107-

ॐ ऐरावतारूढायै स्वाहा

oṁ airāvatārūḍhāyai svāhā

She who rides on the elephant Airāvata

-108-

ॐ ऐहिकामुष्मिकायै स्वाहा

oṁ aihikāmuṣmikāyai svāhā

She who gives wealth that is out of this world

-109-

ॐ ओङ्कारायै स्वाहा

oṁ oṅkārāyai svāhā

She who is oṁ

-110-

ॐ ओषध्यै स्वाहा

oṁ oṣadhyai svāhā

She who is medicine

-111-

ॐ ओतायै स्वाहा

oṁ otāyai svāhā

She who is everywhere

-112-

ॐ ओतप्रोतनिवासिन्यै स्वाहा

oṁ otaprotanivāsinyai svāhā

She who is interwoven in the lives of all beings

-113-

ॐ और्वायै स्वाहा

oṁ aurvāyai svāhā

She who is the inner fire

-114-

ॐ औषधसम्पन्नायै स्वाहा

oṁ auṣadhasampannāyai svāhā

She who is the cure for all ailments

-115-

ॐ औपासनफलप्रदायै स्वाहा

oṁ aupāsanaphalapradāyai svāhā

She who gives the fruit of all worship

-116-

ॐ अण्डमध्यस्थितदेव्यै स्वाहा

oṁ aṇḍamadhyasthitadevyai svāhā

She who is the goddess who is situated in the middle of the cosmic egg

-117-

ॐ आःकारमनुरूपिण्यै स्वाहा

oṁ āḥkāramanurūpiṇyai svāhā

She who is the form of the letter aḥ

-118-

ॐ कात्यायन्यै स्वाहा

oṁ kātyāyanyai svāhā

She who is ever pure

-119-

ॐ कालरात्र्यै स्वाहा

oṁ kālarātryai svāhā

She who is the dark night

-120-

ॐ कामाक्ष्यै स्वाहा

oṁ kāmākṣyai svāhā

She who is the seer of desire

-121-

ॐ कामसुन्दर्यै स्वाहा

oṁ kāmasundaryai svāhā

She who is the beautiful desire

-122-

ॐ कमलायै स्वाहा

oṁ kamalāyai svāhā
She who is a lotus

-123-

ॐ कामिन्यै स्वाहा

oṁ kāminyai svāhā
She who is desire

-124-

ॐ कान्तायै स्वाहा

oṁ kāntāyai svāhā
She who is beauty enhanced by love

-125-

ॐ कामदायै स्वाहा

oṁ kāmadāyai svāhā
She who fulfills desire

-126-

ॐ कालकण्ठिन्यै स्वाहा

oṁ kālakaṇṭhinyai svāhā
She who controls time

-127-

ॐ करिकुम्भस्तनभरायै स्वाहा

oṁ karikumbhastanabharāyai svāhā
She whose full breasts are large and round like an elephant

-128-

ॐ करबीरसुवासिन्यै स्वाहा

oṁ karabīrasuvāsinyai svāhā
She who works for the welfare of the world

-129-

ॐ कल्याण्यै स्वाहा

oṁ kalyāṇyai svāhā

She who is welfare

-130-

ॐ कुण्डलवत्यै स्वाहा

oṁ kuṇḍalavatyai svāhā

She who wears earrings

-131-

ॐ कुरुक्षेत्रनिवासिन्यै स्वाहा

oṁ kurukṣetranivāsinyai svāhā

She who resides on the field of action

-132-

ॐ कुरुविन्ददलाकारायै स्वाहा

oṁ kuruvindadalākārāyai svāhā

She who creates the root of all actions

-133-

ॐ कुण्डल्यै स्वाहा

oṁ kuṇḍalyai svāhā

She who is individual energy

-134-

ॐ कुमुदालयायै स्वाहा

oṁ kumudālayāyai svāhā

She who resides in the full moon

-135-

ॐ कालजिह्वायै स्वाहा

oṁ kālajihvāyai svāhā

She who swallows even time with her tongue

-136-

ॐ करालास्यायै स्वाहा

oṁ karālāsyāyai svāhā

She who is formidable

-137-

ॐ कालिकायै स्वाहा

oṁ kālikāyai svāhā
She who counts time

-138-

ॐ कालरूपिण्यै स्वाहा

oṁ kālarūpiṇyai svāhā
She who is the form of time

-139-

ॐ कमनीयगुणायै स्वाहा

oṁ kamanīyaguṇāyai svāhā
She who has desirable qualities

-140-

ॐ कान्त्यै स्वाहा

oṁ kāntyai svāhā
She whose beauty is enhanced by love

-141-

ॐ कलाधारायै स्वाहा

oṁ kalādhārāyai svāhā
She who supports all attributes

-142-

ॐ कुमुद्वत्यै स्वाहा

oṁ kumudvatyai svāhā
She who is the spirit of the bright moon

-143-

ॐ कौशिक्यै स्वाहा

oṁ kauśikyai svāhā
She who comes from within

-144-

ॐ कमलाकारायै स्वाहा

oṁ kamalākārāyai svāhā
She who radiates the beauty of a lotus

-145-

ॐ कामचारप्रभञ्जिन्यै स्वाहा

oṁ kāmacāraprabhañjinyai svāhā

She destroys selfish behavior

-146-

ॐ कौमार्यै स्वाहा

oṁ kaumāryai svāhā

She who is ever pure

-147-

ॐ करुणापाङ्ग्यै स्वाहा

oṁ karuṇāpāṅgyai svāhā

She who embodies compassion

-148-

ॐ ककुवन्तायै स्वाहा

oṁ kakuvantāyai svāhā

She who is always making sounds like the conch

-149-

ॐ करिप्रियायै स्वाहा

oṁ karipriyāyai svāhā

She who is loved by all elephants

-150-

ॐ केसर्यै स्वाहा

oṁ kesaryai svāhā

She who has great hair like a lion

-151-

ॐ केशवनुतायै स्वाहा

oṁ keśavanutāyai svāhā

She who is respected by Lord Kṛṣṇa

-152-

ॐ कदम्बकुसुमप्रियायै स्वाहा

oṁ kadambakusumapriyāyai svāhā

She who loves kadamba flowers

-153-

ॐ कालिन्द्यै स्वाहा

oṁ kālindyai svāhā

She who is queen of time

-154-

ॐ कालिकायै स्वाहा

oṁ kālikāyai svāhā

She who counts time

-155-

ॐ काञ्च्यै स्वाहा

oṁ kāñcyai svāhā

She who is all wealth

-156-

ॐ कलशोद्भवसंस्तुतायै स्वाहा

oṁ kalaśodbhavasaṁstutāyai svāhā

She whose praise was sung when the nectar was produced

-157-

ॐ काममात्रे स्वाहा

oṁ kāmamātre svāhā

She who is the mother of desire

-158-

ॐ क्रतुमत्यै स्वाहा

oṁ kratumatyai svāhā

She who is the essence of sacrifice

-159-

ॐ कामरूपायै स्वाहा

oṁ kāmarūpāyai svāhā

She who is the form of desire

-160-

ॐ कृपावत्यै स्वाहा

oṁ kṛpāvatyai svāhā

She who is the spirit of grace

-161-

ॐ कुमार्यै स्वाहा

oṁ kumāryai svāhā

She who is ever pure

-162-

ॐ कुण्डनिलयायै स्वाहा

oṁ kuṇḍanilayāyai svāhā

She who is situated in the container of sacrificial fire

-163-

ॐ किरात्यै स्वाहा

oṁ kirātyai svāhā

She who is the object of search by devotees

-164-

ॐ कीरवाहनायै स्वाहा

oṁ kīravāhanāyai svāhā

She who is accompanied by a parrot

-165-

ॐ कैकेय्यै स्वाहा

oṁ kaikeyyai svāhā

She who has a warrior nature

-166-

ॐ कोकिलालापायै स्वाहा

oṁ kokilālāpāyai svāhā

She who speaks like the song of the sweetest bird

-167-

ॐ केतक्यै स्वाहा

oṁ ketakyai svāhā

She who is the ketaki flower

-168-

ॐ कुसुमप्रियायै स्वाहा

oṁ kusumapriyāyai svāhā

She who loves jasmine

-169-

ॐ कमण्डलुधरायै स्वाहा

oṁ kamaṇḍaludharāyai svāhā

She who holds a water pot

-170-

ॐ काल्यै स्वाहा

oṁ kālyai svāhā

She who takes away darkness

-171-

ॐ कर्मनिर्मूलकारिण्यै स्वाहा

oṁ karmanirmūlakāriṇyai svāhā

She who cuts the bonds of action

-172-

ॐ कलहंसगत्यै स्वाहा

oṁ kalahaṁsagatyai svāhā

She who moves like a swan

-173-

ॐ कक्षायै स्वाहा

oṁ kakṣāyai svāhā

She who embodies all manifestation from Ka to Kṣa

-174-

ॐ कृतकौतुकमङ्गलायै स्वाहा

oṁ kṛtakautukamaṅgalāyai svāhā

She who brings welfare to all

-175-

ॐ कस्तूरीतिलकायै स्वाहा

oṁ kastūrītilakāyai svāhā

She who wears a tilak of musk

-176-

ॐ कम्रायै स्वाहा

oṁ kamrāyai svāhā

She who is not still

-177-

ॐ करीन्द्रगमनायै स्वाहा

oṁ karīndragamanāyai svāhā

She who travels with the king of elephants

-178-

ॐ कुह्वै स्वाहा

oṁ kuhvai svāhā

She who is the darkness of the new moon

-179-

ॐ कर्पुरलेपनायै स्वाहा

oṁ karpuralepanāyai svāhā

She who is covered with camphor

-180-

ॐ कृष्णायै स्वाहा

oṁ kṛṣṇāyai svāhā

She who is dark

-181-

ॐ कपिलायै स्वाहा

oṁ kapilāyai svāhā

She who is of brown color

-182-

ॐ कुहराश्रयायै स्वाहा

oṁ kuharāśrayāyai svāhā

She who gives the shelter of knowledge

-183-

ॐ कुटस्थायै स्वाहा

oṁ kuṭasthāyai svāhā

She who is situated on the top of the mountain

-184-

ॐ कुधरायै स्वाहा

oṁ kudharāyai svāhā

She who upholds the earth

-185-

ॐ कम्रायै स्वाहा

oṁ kamrāyai svāhā

She who has supreme beauty

-186-

ॐ कुक्षिस्थाखिलविष्टपायै स्वाहा

oṁ kukṣisthākhilaviṣṭapāyai svāhā

She who protects the entire existence

-187-

ॐ खड्गखेटकरायै स्वाहा

oṁ khadgakheṭakarāyai svāhā

She who has a sword and shield in her hands

-188-

ॐ खर्वायै स्वाहा

oṁ kharvāyai svāhā

She who is minuscule

-189-

ॐ खेचर्यै स्वाहा

oṁ khecaryai svāhā

She who levitates above

-190-

ॐ खगवाहनायै स्वाहा

oṁ khagavāhanāyai svāhā

She who is carried by a swan

-191-

ॐ खट्वाङ्गधारिण्यै स्वाहा

oṁ khaṭvāṅgadhāriṇyai svāhā

She who holds a skull topped staff

-192-

ॐ ख्यातायै स्वाहा

oṁ khyātāyai svāhā

She who is famous

-193-

ॐ खगराजोपरिस्थितायै स्वाहा

oṁ khagarājoparisthitāyai svāhā

She who is carried by the king of birds

-194-

ॐ खलघ्न्यै स्वाहा

oṁ khalaghnyai svāhā

She who destroys evil thoughts

-195-

ॐ खण्डितजरायै स्वाहा

oṁ khaṇḍitajarāyai svāhā

She who never ages

-196-

ॐ खण्डाख्यानप्रदायिन्यै स्वाहा

oṁ khaṇḍākhyānapradāyinyai svāhā

She who discloses the knowledge of change

-197-

ॐ खण्डेन्दुतिलकायै स्वाहा

oṁ khaṇḍendutilakāyai svāhā

She who has a part of the moon for her tilak

-198-

ॐ गङ्गायै स्वाहा

oṁ gaṅgāyai svāhā

She who is the Ganges

-199-

ॐ गणेशगुहपूजितायै स्वाहा

oṁ gaṇeśaguhapūjitāyai svāhā

She who is worshipped by Gaṇeśa and Kartikeya

-200-

ॐ गायत्र्यै स्वाहा

oṁ gāyatryai svāhā

She who is the song of the wisdom of the three

-201-

ॐ गोमत्यै स्वाहा

oṁ gomatyai svāhā
She who is the manifestation of light

-202-

ॐ गीतायै स्वाहा

oṁ gītāyai svāhā
She who is song

-203-

ॐ गान्धार्यै स्वाहा

oṁ gāndhāryai svāhā
She who is a celestial singer

-204-

ॐ गानलोलुपायै स्वाहा

oṁ gānalolupāyai svāhā
She who sings lullabies

-205-

ॐ गौतम्यै स्वाहा

oṁ gautamyai svāhā
She who radiates light

-206-

ॐ गामिन्यै स्वाहा

oṁ gāminyai svāhā
She who is always in movement

-207-

ॐ गाधायै स्वाहा

oṁ gādhāyai svāhā
She who like a donkey

-208-

ॐ गन्धर्वाप्सरसेवितायै स्वाहा

oṁ gandharvāpsarasevitāyai svāhā
She who is served by celestial singers and dancers

-209-

ॐ गोविन्दचरणाक्रान्तायै स्वाहा

oṁ govindacaraṇākrāntāyai svāhā

She who takes refuge at the feet of he who is one pointed light

-210-

ॐ गुणत्रयविभावितायै स्वाहा

oṁ guṇatrayavibhāvitāyai svāhā

She who is the expression of the three qualities

-211-

ॐ गन्धर्व्यै स्वाहा

oṁ gandharvyai svāhā

She who is an excellent singer

-212-

ॐ गह्वर्यै स्वाहा

oṁ gahvaryai svāhā

She who is beneath the surface

-213-

ॐ गोत्रायै स्वाहा

oṁ gotrāyai svāhā

She who is the lineage of wisdom

-214-

ॐ गिरीशायै स्वाहा

oṁ girīśāyai svāhā

She who is lord of the mountain

-215-

ॐ गहनायै स्वाहा

oṁ gahanāyai svāhā

She who is very deep

-216-

ॐ गम्यै स्वाहा

oṁ gamyai svāhā
She who is all movement

-217-

ॐ गुहावासायै स्वाहा

oṁ guhāvāsāyai svāhā
She who lives in the cave of the heart

-218-

ॐ गुणवत्यै स्वाहा

oṁ guṇavatyai svāhā
She who is the repository of good qualities

-219-

ॐ गुरुपापप्रणाशिन्यै स्वाहा

oṁ gurupāpapraṇāśinyai svāhā
She who destroys the greatest sins

-220-

ॐ गुर्व्यै स्वाहा

oṁ gurvyai svāhā
She who is most excellent

-221-

ॐ गुणवत्यै स्वाहा

oṁ guṇavatyai svāhā
She who is full of good qualities

-222-

ॐ गुह्यायै स्वाहा

oṁ guhyāyai svāhā
She who is hidden

-223-

ॐ गोप्तव्यायै स्वाहा

oṁ goptavyāyai svāhā
She who is secret

-224-

ॐ गुणदायिन्यै स्वाहा

oṁ guṇadāyinyai svāhā
She who gives qualities

-225-

ॐ गिरिजायै स्वाहा

oṁ girijāyai svāhā
She who is born on the mountain

-226-

ॐ गुह्यमातङ्ग्यै स्वाहा

oṁ guhyamātaṅgyai svāhā
She who is the embodiment of secret thought

-227-

ॐ गरुडध्वजवल्लभायै स्वाहा

oṁ garuḍadhvajavallabhāyai svāhā
She who is the strength of Viṣṇu

-228-

ॐ गर्वापहरिण्यै स्वाहा

oṁ garvāpahariṇyai svāhā
She who protects against pride

-229-

ॐ गोदायै स्वाहा

oṁ godāyai svāhā
She who gives light

-230-

ॐ गोकुलस्थायै स्वाहा

oṁ gokulasthāyai svāhā
She who resides in the family of light

-231-

ॐ गदाधरायै स्वाहा

oṁ gadādharāyai svāhā
She who holds a club

-232-

ॐ गोकर्णनिलयासक्तायै स्वाहा

oṁ gokarṇanilayāsaktāyai svāhā
She who loves to listen to wisdom

-233-

ॐ गुह्यमण्डलवर्तिन्यै स्वाहा

oṁ guhyamaṇḍalavartinyai svāhā
She who moves in secret

-234-

ॐ घर्मदायै स्वाहा

oṁ gharmadāyai svāhā
She who gives heat

-235-

ॐ घनदायै स्वाहा

oṁ ghanadāyai svāhā
She who makes matter solid

-236-

ॐ घण्टायै स्वाहा

oṁ ghaṇṭāyai svāhā
She who is a bell

-237-

ॐ घोरदानवमर्दिन्यै स्वाहा

oṁ ghoradānavamardinyai svāhā
She who destroys fearful demons

-238-

ॐ घृणिमन्त्रमय्यै स्वाहा

oṁ ghṛṇimantramayyai svāhā
She whose manifestations of mantra radiate like the sun

-239-

ॐ घोषायै स्वाहा

oṁ ghoṣāyai svāhā
She who makes the proclamation

-240-

ॐ घनसंपातदायिन्यै स्वाहा

oṁ ghanasaṁpātadāyinyai svāhā

She who gives wealth to the masses

-241-

ॐ घण्टारवप्रियायै स्वाहा

oṁ ghaṇṭāravapriyāyai svāhā

She who loves thunder

-242-

ॐ घ्राणायै स्वाहा

oṁ ghrāṇāyai svāhā

She who is the sense of smell

-243-

ॐ घृणिसन्तुष्टिकारिण्यै स्वाहा

oṁ ghṛṇisantuṣṭikāriṇyai svāhā

She who is the cause of satisfaction to the sun

-244-

ॐ घनारिमण्डलायै स्वाहा

oṁ ghanārimaṇḍalāyai svāhā

She who is encircled by enemies

-245-

ॐ घूर्णायै स्वाहा

oṁ ghūrṇāyai svāhā

She who is always moving

-246-

ॐ घृताच्यै स्वाहा

oṁ ghṛtācyai svāhā

She who radiates illumination

-247-

ॐ घनवेगिन्यै स्वाहा

oṁ ghanaveginyai svāhā

She who compacts solids

-248-

ॐ ज्ञानधातुमय्यै स्वाहा

oṁ jñānadhātumayyai svāhā

She who is the manifestation of wisdom

-249-

ॐ चर्चायै स्वाहा

oṁ carcāyai svāhā

She who discusses

-250-

ॐ चर्चितायै स्वाहा

oṁ carcitāyai svāhā

She who is the object of discussion

-251-

ॐ चारुहसिन्यै स्वाहा

oṁ cāruhasinyai svāhā

She who has a great laugh

-252-

ॐ चटुलायै स्वाहा

oṁ caṭulāyai svāhā

She who is always moving

-253-

ॐ चण्डिकायै स्वाहा

oṁ caṇḍikāyai svāhā

She who tears apart thought

-254-

ॐ चित्रायै स्वाहा

oṁ citrāyai svāhā

She who has various forms

-255-

ॐ चित्रमाल्यविभूषितायै स्वाहा

oṁ citramālyavibhūṣitāyai svāhā

She who is adorned with a garland of various flowers

-256-

ॐ चतुर्भुजायै स्वाहा

oṁ caturbhujāyai svāhā

She who has four arms

-257-

ॐ चारुदन्तायै स्वाहा

oṁ cārudantāyai svāhā

She who has frightening teeth

-258-

ॐ चातुर्यै स्वाहा

oṁ cāturyai svāhā

She who is clever

-259-

ॐ चरितप्रदायै स्वाहा

oṁ caritapradāyai svāhā

She who gives the episodes of life

-260-

ॐ चूलिकायै स्वाहा

oṁ cūlikāyai svāhā

She who is excellent

-261-

ॐ चित्रवस्त्रान्तायै स्वाहा

oṁ citravastrāntāyai svāhā

She who wears cloths of various colors

-262-

ॐ चन्द्रमःकर्णकुण्डलायै स्वाहा

oṁ candramaḥkarṇakuṇḍalāyai svāhā

She who has earrings shaped like the moon

-263-

ॐ चन्द्रहासायै स्वाहा

oṁ candrahāsāyai svāhā

She whose laughter delights like the moon

-264-

ॐ चारुदात्र्यै स्वाहा

oṁ cārudātryai svāhā
She who gives beauty

-265-

ॐ चकोर्यै स्वाहा

oṁ cakoryai svāhā
She who is the bird who looks lovingly at the moon

-266-

ॐ चन्द्रहासिन्यै स्वाहा

oṁ candrahāsinyai svāhā
She whose laughter delights like the moon

-267-

ॐ चन्द्रिकायै स्वाहा

oṁ candrikāyai svāhā
She who is the body of the moon

-268-

ॐ चन्द्रधात्र्यै स्वाहा

oṁ candradhātryai svāhā
She who wears a digit of the moon

-269-

ॐ चौर्यै स्वाहा

oṁ cauryai svāhā
She who hides her power

-270-

ॐ चौरायै स्वाहा

oṁ caurāyai svāhā
She who steals the mind of devotees

-271-

ॐ चण्डिकायै स्वाहा

oṁ caṇḍikāyai svāhā
She who tears apart thoughts

-272-

ॐ चञ्चद्वाग्वादिन्यै स्वाहा

oṁ cañcadvāgvādinyai svāhā

She who speaks all the words

-273-

ॐ चन्द्रचूडायै स्वाहा

oṁ candracūḍāyai svāhā

She whose crown is the moon

-274-

ॐ चोरविनाशिन्यै स्वाहा

oṁ coravināśinyai svāhā

She who destroys thieves

-275-

ॐ चारुचन्दनलिप्ताङ्ग्यै स्वाहा

oṁ cārucandanaliptāṅgyai svāhā

She whose body is covered with sandal paste

-276-

ॐ चञ्चच्चामरवीजितायै स्वाहा

oṁ cañcaccāmaravījitāyai svāhā

She who is fanned by a yak tail

-277-

ॐ चारुमध्यायै स्वाहा

oṁ cārumadhyāyai svāhā

She who is in the midst of beauty

-278-

ॐ चारुगत्यै स्वाहा

oṁ cārugatyai svāhā

She who moves with beauty

-279-

ॐ चन्दिलायै स्वाहा

oṁ candilāyai svāhā

She who is always shining

-280-

ॐ चन्द्ररूपिण्यै स्वाहा

oṁ candrarūpiṇyai svāhā
She who is the form of the moon

-281-

ॐ चारुहोमप्रियायै स्वाहा

oṁ cāruhomapriyāyai svāhā
She who loves beautiful sacrificial fires

-282-

ॐ चार्वाचरितायै स्वाहा

oṁ cārvācaritāyai svāhā
She whose character is pure

-283-

ॐ चक्रवाहुकायै स्वाहा

oṁ cakravāhukāyai svāhā
She who has a discus in her hand

-284-

ॐ चन्द्रमण्डलमध्यस्थायै स्वाहा

oṁ candramaṇḍalamadhyasthāyai svāhā
She who is situated in the midst of the circle of the moon

-285-

ॐ चन्द्रमण्डलदर्पणायै स्वाहा

oṁ candramaṇḍaladarpaṇāyai svāhā
She who reflects the circle of the moon

-286-

ॐ चक्रवाकस्तन्यै स्वाहा

oṁ cakravākastanyai svāhā
She who has round breasts

-287-

ॐ चेष्टायै स्वाहा

oṁ ceṣṭāyai svāhā
She who is effort

-288-

ॐ चित्रायै स्वाहा

oṁ citrāyai svāhā

She who is varied

-289-

ॐ चारुविलासिन्यै स्वाहा

oṁ cāruvilāsinyai svāhā

She who resides in beauty

-290-

ॐ चित्स्वरूपायै स्वाहा

oṁ citsvarūpāyai svāhā

She who is the intrinsic nature of consciousness

-291-

ॐ चन्द्रवत्यै स्वाहा

oṁ candravatyai svāhā

She who is the spirit of the moon

-292-

ॐ चन्द्रमसे स्वाहा

oṁ candramase svāhā

She who is the form of the moon

-293-

ॐ चन्दनप्रियायै स्वाहा

oṁ candanapriyāyai svāhā

She who loves sandal

-294-

ॐ चोदयित्र्यै स्वाहा

oṁ codayitryai svāhā

She who produces inspiration

-295-

ॐ चिरप्रज्ञायै स्वाहा

oṁ ciraprajñāyai svāhā

She who has infinite wisdom

-296-

ॐ चातकायै स्वाहा

oṁ cātakāyai svāhā

She who is the bird who is always thirsty

-297-

ॐ चारुहेतुक्यै स्वाहा

oṁ cāruhetukyai svāhā

She who has beautiful motivation

-298-

ॐ छत्रयातायै स्वाहा

oṁ chatrayātāyai svāhā

She who gives shelter to all

-299-

ॐ छत्रधरायै स्वाहा

oṁ chatradharāyai svāhā

She who supports all shelter

-300-

ॐ छायायै स्वाहा

oṁ chāyāyai svāhā

She who is all reflection

-301-

ॐ छन्दःपरिच्छदायै स्वाहा

oṁ chandaḥparicchadāyai svāhā

She who is expressed in meter

-302-

ॐ छायादेव्यै स्वाहा

oṁ chāyādevyai svāhā

She who is the goddess of reflection

-303-

ॐ छिद्रनखायै स्वाहा

oṁ chidranakhāyai svāhā

She who cuts with her nails

-304-

ॐ छत्रेन्द्रियविसर्पिण्यै स्वाहा

oṁ chatrendriyavisarpiṇyai svāhā

She who offers shelter to those who have controlled their senses

-305-

ॐ छन्दोऽनुष्टुप्प्रतिष्ठान्तायै स्वाहा

oṁ chando-nuṣṭuppratiṣṭhāntāyai svāhā

She who has established the anuṣṭupa meter

-306-

ॐ छिद्रोपद्रवभेदिन्यै स्वाहा

oṁ chidropadravabhedinyai svāhā

She who silences the faulty conduct in others

-307-

ॐ छेदायै स्वाहा

oṁ chedāyai svāhā

She who cuts duality

-308-

ॐ छत्रेश्वर्यै स्वाहा

oṁ chatreśvaryai svāhā

She who is the supreme goddess of refuge

-309-

ॐ छिन्नायै स्वाहा

oṁ chinnāyai svāhā

She who cuts to pieces

-310-

ॐ छुरिकायै स्वाहा

oṁ churikāyai svāhā

She who wields a knife

-311-

ॐ छेदनप्रियायै स्वाहा

oṁ chedanapriyāyai svāhā

She who loves to destroy negativity

-312-

ॐ जनन्यै स्वाहा

oṁ jananyai svāhā

She who is the mother

-313-

ॐ जन्मरहितायै स्वाहा

oṁ janmarahitāyai svāhā

She who does not take birth

-314-

ॐ जातवेदायै स्वाहा

oṁ jātavedāyai svāhā

She who knows all beings born

-315-

ॐ जगन्मय्यै स्वाहा

oṁ jaganmayyai svāhā

She who is the manifestation of the perceivable universe

-316-

ॐ जाह्नव्यै स्वाहा

oṁ jāhnavyai svāhā

She who is the Ganges River

-317-

ॐ जटिलायै स्वाहा

oṁ jaṭilāyai svāhā

She who is difficult to understand

-318-

ॐ जेत्र्यै स्वाहा

oṁ jetryai svāhā

She who is always victorious

-319-

ॐ जरामरणवर्जितायै स्वाहा

oṁ jarāmaraṇavarjitāyai svāhā

She who prohibits old age and death

-320-

ॐ जम्बूद्वीपवत्यै स्वाहा

oṁ jambūdvīpavatyai svāhā

She who is the spirit of the island of creation

-321-

ॐ ज्वालायै स्वाहा

oṁ jvālāyai svāhā

She who illuminates

-322-

ॐ जयन्त्यै स्वाहा

oṁ jayantyai svāhā

She who is victorious

-323-

ॐ जलशालिन्यै स्वाहा

oṁ jalaśālinyai svāhā

She who gives water

-324-

ॐ जितेन्द्रियायै स्वाहा

oṁ jitendriyāyai svāhā

She who has conquered the senses

-325-

ॐ जितक्रोधायै स्वाहा

oṁ jitakrodhāyai svāhā

She who has conquered anger

-326-

ॐ जितामित्रायै स्वाहा

oṁ jitāmitrāyai svāhā

She who befriends all enemies

-327-

ॐ जगत्प्रियायै स्वाहा

oṁ jagatpriyāyai svāhā

She who loves the perceivable world

-328-

ॐ जातरूपमय्यै स्वाहा

oṁ jātarūpamayyai svāhā

She who is the form of all beings born

-329-

ॐ जिह्वायै स्वाहा

oṁ jihvāyai svāhā

She who resides on all tongues

-330-

ॐ जानक्यै स्वाहा

oṁ jānakyai svāhā

She who is the mother of the universe

-331-

ॐ जगत्यै स्वाहा

oṁ jagatyai svāhā

She who is the perceivable universe

-332-

ॐ जरायै स्वाहा

oṁ jarāyai svāhā

She who is old age

-333-

ॐ जनित्र्यै स्वाहा

oṁ janitryai svāhā

She who gives birth

-334-

ॐ जह्नुतनयायै स्वाहा

oṁ jahnutanayāyai svāhā

She who is the daughter of the universe

-335-

ॐ जगत्त्रयहितैषिण्यै स्वाहा

oṁ jagattrayahitaiṣiṇyai svāhā
She who gives welfare to the three worlds

-336-

ॐ ज्वालामुख्यै स्वाहा

oṁ jvālāmukhyai svāhā
She whose face is luminous

-337-

ॐ जपवत्यै स्वाहा

oṁ japavatyai svāhā
She who is always performing japa

-338-

ॐ ज्वरघ्न्यै स्वाहा

oṁ jvaraghnyai svāhā
She who destroys all illness

-339-

ॐ जितविष्टपायै स्वाहा

oṁ jitaviṣṭapāyai svāhā
She who defeats all

-340-

ॐ जिताक्रान्तमय्यै स्वाहा

oṁ jitākrāntamayyai svāhā
She who manifests victory over enemies

-341-

ॐ ज्वालायै स्वाहा

oṁ jvālāyai svāhā
She who illuminates

-342-

ॐ जाग्रत्यै स्वाहा

oṁ jāgratyai svāhā
She who is awake

-343-

ॐ ज्वरदेवतायै स्वाहा

oṁ jvaradevatāyai svāhā
She who is the goddess of illness

-344-

ॐ ज्वलन्त्यै स्वाहा

oṁ jvalantyai svāhā
She who is illuminated

-345-

ॐ जलदायै स्वाहा

oṁ jaladāyai svāhā
She who gives water

-346-

ॐ ज्येष्ठायै स्वाहा

oṁ jyeṣṭhāyai svāhā
She who is oldest

-347-

ॐ ज्याघोषास्फोटदिङ्मुख्यै स्वाहा

oṁ jyāghoṣāsphoṭadiṅmukhyai svāhā
She whose tumultuous sound fills the directions

-348-

ॐ जम्भिन्यै स्वाहा

oṁ jambhinyai svāhā
She whose teeth grind duality to dust

-349-

ॐ जृम्भणायै स्वाहा

oṁ jṛmbhaṇāyai svāhā
She who illuminates all

-350-

ॐ जृम्भायै स्वाहा

oṁ jṛmbhāyai svāhā
She who is illuminated

-351-

ॐ ज्वलन्माणिक्यकुण्डलायै स्वाहा

oṁ jvalanmāṇikyakuṇḍalāyai svāhā

She who wears earrings with luminous gems

-352-

ॐ झिंझिकायै स्वाहा

oṁ jhiṁjhikāyai svāhā

She whose anklets make a beautiful sound

-353-

ॐ झणनिर्घोषायै स्वाहा

oṁ jhaṇanirghoṣāyai svāhā

She whose beautiful sound is heard

-354-

ॐ झंझामारुतवेगिन्यै स्वाहा

oṁ jhaṁjhāmārutaveginyai svāhā

She whose storm winds move at fearful speed

-355-

ॐ झल्लरीवाद्यकुशलायै स्वाहा

oṁ jhallarīvādyakuśalāyai svāhā

She who plays delightful rhythms

-356-

ॐ ञरूपायै स्वाहा

oṁ ñarūpāyai svāhā

She who is beyond form

-357-

ॐ ञभूजास्मृतायै स्वाहा

oṁ ñabhūjāsmṛtāyai svāhā

She who remembers the birth of earth

-358-

ॐ टङ्कवाणसमायुक्तायै स्वाहा

oṁ ṭaṅkavāṇasamāyuktāyai svāhā

She who holds a frightening arrow

-359-

ॐ टङ्किन्ये स्वाहा

oṁ ṭaṅkinye svāhā

She who makes frightening sound

-360-

ॐ टङ्कभेदिन्यै स्वाहा

oṁ ṭaṅkbhedinyai svāhā

She who distinguishes the different frightening sounds

-361-

ॐ टङ्कीगणकृताघोषायै स्वाहा

oṁ ṭaṅkīgaṇakṛtāghoṣāyai svāhā

She who declares frightening sounds

-362-

ॐ टङ्कनीयमहोरसायै स्वाहा

oṁ ṭaṅkanīyamahorasāyai svāhā

She whose chest cannot be pierced

-363-

ॐ टङ्कारकारिणीदेव्यै स्वाहा

oṁ ṭaṅkārakāriṇīdevyai svāhā

She who is the goddess who causes frightening sounds

-364-

ॐ ठठशब्दनिनादिन्यै स्वाहा

oṁ ṭhaṭhaśabdaninādinyai svāhā

She who makes the subtle sounds of the words of devotion

-365-

ॐ डामर्यै स्वाहा

oṁ ḍāmaryai svāhā

She who resides in scriptures

-366-

ॐ डाकिन्यै स्वाहा

oṁ ḍākinyai svāhā

She who is the subtle energy within

-367-

ॐ डिम्भायै स्वाहा

oṁ ḍimbhāyai svāhā

She who is the form of strength

-368-

ॐ डुण्डुमारैकनिर्जितायै स्वाहा

oṁ ḍuṇḍumāraikanirjitāyai svāhā

She who cannot be vanquished

-369-

ॐ डामरीतन्त्रमार्गस्थायै स्वाहा

oṁ ḍāmarītantramārgasthāyai svāhā

She who exists in the path of the śakti tantras

-370-

ॐ डमड्डमरुनादिन्यै स्वाहा

oṁ ḍamaḍḍamarunādinyai svāhā

She who makes the sounds of the damaru drum

-371-

ॐ डिण्डीरवसहायै स्वाहा

oṁ ḍiṇḍīravasahāyai svāhā

She who helps make the sounds of ḍiṇ ḍiṇ in the worship of Śiva

-372-

ॐ डिम्भलसत्क्रीडापरायणायै स्वाहा

oṁ ḍimbhalasatkrīḍāparāyaṇāyai svāhā

She who is the action of delight which gives birth

-373-

ॐ ढुण्ढिविघ्नेशजनन्यै स्वाहा

oṁ ḍhuṇḍhivighneśajananyai svāhā

She who is the mother of the ruler of all obstacles

-374-

ॐ ढक्काहस्तायै स्वाहा

oṁ ḍhakkāhastāyai svāhā

She whose hands beat the drum

-375-

ॐ ढिल्लिव्रजायै स्वाहा

oṁ ḍhilivrajāyai svāhā

She who bestows three blessings

-376-

ॐ नित्यज्ञानायै स्वाहा

oṁ nityajñānāyai svāhā

She who has eternal wisdom

-377-

ॐ निरुपमायै स्वाहा

oṁ nirupamāyai svāhā

She who is the manifestation of that which is beyond form

-378-

ॐ निर्गुणायै स्वाहा

oṁ nirguṇāyai svāhā

She who is beyond the three qualities

-379-

ॐ नर्मदायै स्वाहा

oṁ narmadāyai svāhā

She who is the Narmadā River

-380-

ॐ नद्यै स्वाहा

oṁ nadyai svāhā

She who is the mother of the river

-381-

ॐ त्रिगुणायै स्वाहा

oṁ triguṇāyai svāhā

She who is the three guṇas

-382-

ॐ त्रिपदायै स्वाहा

oṁ tripadāyai svāhā
She who has three syllables

-383-

ॐ तन्त्र्यै स्वाहा

oṁ tantryai svāhā
She who is the synthesis

-384-

ॐ तुलस्यै स्वाहा

oṁ tulasyai svāhā
She who is holy basil

-385-

ॐ तरुणायै स्वाहा

oṁ taruṇāyai svāhā
She who is ever young

-386-

ॐ तरवे स्वाहा

oṁ tarave svāhā
She who takes us across the ocean of existence

-387-

ॐ त्रिविक्रमपदाक्रान्तायै स्वाहा

oṁ trivikramapadākrāntāyai svāhā
She who has the three worlds under her feet

-388-

ॐ तुरीयपदगामिन्यै स्वाहा

oṁ turīyapadagāminyai svāhā
She whose dominion extends beyond

-389-

ॐ तरुणादित्यसङ्काशायै स्वाहा

oṁ taruṇādityasaṅkāśāyai svāhā
She who illuminates like the rising sun

-390-

ॐ तामस्यै स्वाहा

oṁ tāmasyai svāhā

She who spreads her darkness

-391-

ॐ तुहिनायै स्वाहा

oṁ tuhināyai svāhā

She who dwells upon the snow

-392-

ॐ तुरायै स्वाहा

oṁ turāyai svāhā

She who has the highest wisdom

-393-

ॐ त्रिकालज्ञानसम्पन्नायै स्वाहा

oṁ trikālajñānasampannāyai svāhā

She who has the knowledge of the three times

-394-

ॐ त्रिवल्यै स्वाहा

oṁ trivalyai svāhā

She who sacrifices on three levels

-395-

ॐ त्रिलोचनायै स्वाहा

oṁ trilocanāyai svāhā

She who has three eyes

-396-

ॐ त्रिशक्त्यै स्वाहा

oṁ triśaktyai svāhā

She who has three energies

-397-

ॐ त्रिपुरायै स्वाहा

oṁ tripurāyai svāhā

She who lives in three cities

-398-

ॐ तुङ्गायै स्वाहा

oṁ tuṅgāyai svāhā

She who is most excellent

-399-

ॐ तुरङ्गवदनायै स्वाहा

oṁ turaṅgavadanāyai svāhā

She who has the supreme face and body

-400-

ॐ तिमिङ्गिलगिलायै स्वाहा

oṁ timiṅgilagilāyai svāhā

She who has the large mouth of a fish

-401-

ॐ तीव्रायै स्वाहा

oṁ tīvrāyai svāhā

She who is very fast

-402-

ॐ त्रिस्रोतायै स्वाहा

oṁ trisrotāyai svāhā

She who travels in the three streams

-403-

ॐ तामसादिन्यै स्वाहा

oṁ tāmasādinyai svāhā

She who illuminates darkness

-404-

ॐ तन्त्रमन्त्रविशेषज्ञायै स्वाहा

oṁ tantramantraviśeṣajñāyai svāhā

She who knows the special mantras of tantra

-405-

ॐ तनुमध्यायै स्वाहा

oṁ tanumadhyāyai svāhā

She who has a slendor body

-406-

ॐ त्रिविष्टपायै स्वाहा

oṁ triviṣṭapāyai svāhā

She who is established in the three worlds

-407-

ॐ त्रिसन्ध्यायै स्वाहा

oṁ trisandhyāyai svāhā

She who is the three times of prayer

-408-

ॐ त्रिस्तन्यै स्वाहा

oṁ tristanyai svāhā

She who dwells in three places

-409-

ॐ तोषासंस्थायै स्वाहा

oṁ toṣāsaṁsthāyai svāhā

She who always remains contented

-410-

ॐ ताल्प्रतापिन्यै स्वाहा

oṁ tālapratāpinyai svāhā

She who claps her hands rhythmically

-411-

ॐ ताटंकिन्यै स्वाहा

oṁ tāṭaṁkinyai svāhā

She who has beautiful earrings

-412-

ॐ तुषाराभायै स्वाहा

oṁ tuṣārābhāyai svāhā

She who is brilliant like the snow mountains

-413-

ॐ तुहिनाचलवासिन्यै स्वाहा

oṁ tuhinācalavāsinyai svāhā

She who resides in the snow mountains

-414-

ॐ तन्तुजालसमायुक्तायै स्वाहा

oṁ tantujālsamāyuktāyai svāhā

She who unites the creation like a spider's web

-415-

ॐ तारहारावलिप्रियायै स्वाहा

oṁ tārahārāvalipriyāyai svāhā

She who loves the necklace of stars

-416-

ॐ तिलहोमप्रियायै स्वाहा

oṁ tilahomapriyāyai svāhā

She who loves to be offered sesame in the sacred fire

-417-

ॐ तीर्थायै स्वाहा

oṁ tīrthāyai svāhā

She who is the place of pilgrimage

-418-

ॐ तमालकुसुमाकृत्यै स्वाहा

oṁ tamālakusumākṛtyai svāhā

She who makes the flowers of the trees

-419-

ॐ तारकायै स्वाहा

oṁ tārakāyai svāhā

She who is the illuminator

-420-

ॐ त्रियुतायै स्वाहा

oṁ triyutāyai svāhā

She who unites the three

-421-

ॐ तन्व्यै स्वाहा

oṁ tanvyai svāhā

She who is in the subtle body of all

-422-

ॐ त्रिशंकुपरिवारितायै स्वाहा

oṁ triśaṁkuparivāritāyai svāhā

She who changed the one with three marks on his forehead

-423-

ॐ तलोदर्यै स्वाहा

oṁ talodaryai svāhā

She who raises those who are lowly

-424-

ॐ तिलाभूषायै स्वाहा

oṁ tilābhūṣāyai svāhā

She whose every limb is beautiful like a flower

-425-

ॐ ताटङ्कप्रियवाहिन्यै स्वाहा

oṁ tāṭaṅkapriyavāhinyai svāhā

She who enjoys wearing earrings

-426-

ॐ त्रिजटायै स्वाहा

oṁ trijaṭāyai svāhā

She who has three locks of matted hair or braids

-427-

ॐ तित्तिर्यै स्वाहा

oṁ tittiryai svāhā

She who makes a special sound

-428-

ॐ तृष्णायै स्वाहा

oṁ tṛṣṇāyai svāhā

She who is thirst

-429-

ॐ त्रिविधायै स्वाहा

oṁ trividhāyai svāhā

She who is the three forms of discipline

-430-

ॐ तरुणाकृत्यै स्वाहा

oṁ taruṇākṛtyai svāhā

She who is always young

-431-

ॐ तप्तकाञ्चनसंकाशायै स्वाहा

oṁ taptakāñcanasaṁkāśāyai svāhā

She who shines like melted gold

-432-

ॐ तप्तकाञ्चनभूषणायै स्वाहा

oṁ taptakāñcanabhūṣaṇāyai svāhā

She who wears ornaments like melted gold

-433-

ॐ त्रैयम्बकायै स्वाहा

oṁ traiyambakāyai svāhā

She who is the mother of the three worlds

-434-

ॐ त्रिवर्गायै स्वाहा

oṁ trivargāyai svāhā

She who is the ideal of perfection, the resources necessary to maintain that ideal, and the ultimate desire

-435-

ॐ त्रिकालज्ञानदायिन्यै स्वाहा

oṁ trikālajñānadāyinyai svāhā

She who gives the knowledge of the three times

-436-

ॐ तर्पणायै स्वाहा

oṁ tarpaṇāyai svāhā

She who makes offerings to ancestors

-437-

ॐ तृप्तिदायै स्वाहा

oṁ tṛptidāyai svāhā

She who gives satisfaction

-438-

ॐ तृप्तायै स्वाहा

oṁ tṛptāyai svāhā

She who is satisfied

-439-

ॐ तामस्यै स्वाहा

oṁ tāmasyai svāhā

She who is dark

-440-

ॐ तुम्बुरुस्तुतायै स्वाहा

oṁ tumburustutāyai svāhā

She who is sung of in songs of special rhythms

-441-

ॐ तार्क्ष्यस्थायै स्वाहा

oṁ tārkṣyasthāyai svāhā

She who rides on Garuḍa

-442-

ॐ त्रिगुणाकारायै स्वाहा

oṁ triguṇākārāyai svāhā

She who is beyond the three qualities

-443-

ॐ त्रिभंग्यै स्वाहा

oṁ trabhaṁgyai svāhā

She who is bent in three places

-444-

ॐ तनुवल्लर्यै स्वाहा

oṁ tanuvallaryai svāhā

She whose body is slendor like a vine

-445-

ॐ थात्कार्यै स्वाहा

oṁ thātkāryai svāhā

She who makes a special sound

-446-

ॐ थारवायै स्वाहा

oṁ thāravāyai svāhā

She who makes an auspicious sound

-447-

ॐ थान्तायै स्वाहा

oṁ thāntāyai svāhā

She who is the goddess of auspiciousness

-448-

ॐ दोहिन्यै स्वाहा

oṁ dohinyai svāhā

She who gives the nectar

-449-

ॐ दीनवत्सलायै स्वाहा

oṁ dīnavatsalāyai svāhā

She who nurtures the lowly

-450-

ॐ दानवान्तकर्यै स्वाहा

oṁ dānavāntakaryai svāhā

She who brings the end of duality

-451-

ॐ दुर्गायै स्वाहा

oṁ durgāyai svāhā

She who removes difficulties

-452-

ॐ दुर्गासुरनिवर्हिण्यै स्वाहा

oṁ durgāsuranivarhiṇyai svāhā

She who destroys the confusion of duality

-453-

ॐ देवरीत्यै स्वाहा

oṁ devarītyai svāhā

She who is the discipline of the gods

-454-

ॐ दिवारात्र्यै स्वाहा

oṁ divārātryai svāhā

She who is both day and night

-455-

ॐ द्रौपद्यै स्वाहा

oṁ draupadyai svāhā

She who is the daughter of Drupada

-456-

ॐ दुन्दुभिस्वनायै स्वाहा

oṁ dundubhisvanāyai svāhā

She whose tune is played on a folk instrument

-457-

ॐ देवयान्यै स्वाहा

oṁ devayānyai svāhā

She who is the daughter of Śukrācārya

-458-

ॐ दुरावासायै स्वाहा

oṁ durāvāsāyai svāhā

She who is difficult to practice

-459-

ॐ दारिद्र्योद्भेदिन्यै स्वाहा

oṁ dāridryodbhedinyai svāhā

She who removes affliction from the earth

-460-

ॐ दिवायै स्वाहा

oṁ divāyai svāhā

She who is divine illumination

-461-

ॐ दामोदरप्रियायै स्वाहा

oṁ dāmodarapriyāyai svāhā
She who is loved by Viṣṇu

-462-

ॐ दीप्तायै स्वाहा

oṁ dīptāyai svāhā
She who is light

-463-

ॐ दिग्वासायै स्वाहा

oṁ digvāsāyai svāhā
She who resides in all the directions

-464-

ॐ दिग्विमोहिन्यै स्वाहा

oṁ digvimohinyai svāhā
She who fills the directions with attachment

-465-

ॐ दण्डकारण्यनिलयायै स्वाहा

oṁ daṇḍakāraṇyanilayāyai svāhā
She who resides in the forest of discipline

-466-

ॐ दण्डिन्यै स्वाहा

oṁ daṇḍinyai svāhā
She who is the giver of discipline

-467-

ॐ देवपूजितायै स्वाहा

oṁ devapūjitāyai svāhā
She who is worshipped by the gods

-468-

ॐ देवबन्द्यायै स्वाहा

oṁ devabandyāyai svāhā
She who is praised by the gods

-469-

ॐ दिविषदायै स्वाहा

oṁ diviṣadāyai svāhā

She who gives divine consciousness

-470-

ॐ द्वेषिण्यै स्वाहा

oṁ dveṣiṇyai svāhā

She who ends conflict

-471-

ॐ दानवाकृतये स्वाहा

oṁ dānavākṛtaye svāhā

She who destroys duality

-472-

ॐ दीनानाथस्तुतायै स्वाहा

oṁ dīnānāthastutāyai svāhā

She who is praised by the lord of the lowly

-473-

ॐ दीक्षायै स्वाहा

oṁ dīkṣāyai svāhā

She who is initiation

-474-

ॐ दैवतादिस्वरूपिण्यै स्वाहा

oṁ daivatādisvarūpiṇyai svāhā

She who is the intrinsic nature of divinity

-475-

ॐ धात्र्यै स्वाहा

oṁ dhātryai svāhā

She who is the creator

-476-

ॐ धनुर्धरायै स्वाहा

oṁ dhanurdharāyai svāhā

She who holds a bow

-477-

ॐ धेनवे स्वाहा

oṁ dhenave svāhā

She who is a cow

-478-

ॐ धारिण्यै स्वाहा

oṁ dhāriṇyai svāhā

She who is the support of all

-479-

ॐ धर्मचारिण्यै स्वाहा

oṁ dharmacāriṇyai svāhā

She who moves according to the ideal of perfection

-480-

ॐ धरंधरायै स्वाहा

oṁ dharaṁdharāyai svāhā

She who supports the earth

-481-

ॐ धराधरायै स्वाहा

oṁ dharādharāyai svāhā

She who is the support of all supports

-482-

ॐ धनदायै स्वाहा

oṁ dhanadāyai svāhā

She who gives wealth

-483-

ॐ धान्यदोहिन्यै स्वाहा

oṁ dhānyadohinyai svāhā

She who gives food

-484-

ॐ धर्मशीलायै स्वाहा

oṁ dharmaśīlāyai svāhā

She who is steadfast in the ideal of perfection

-485-

ॐ धनाध्यक्षायै स्वाहा

oṁ dhanādhyakṣāyai svāhā

She who is the master of wealth

-486-

ॐ धनुर्वेदविशारदायै स्वाहा

oṁ dhanurvedaviśāradāyai svāhā

She who is skilled in the knowledge of weapons

-487-

ॐ धृत्यै स्वाहा

oṁ dhṛtyai svāhā

She who is consistent

-488-

ॐ धन्यायै स्वाहा

oṁ dhanyāyai svāhā

She who deserves our thanks

-489-

ॐ धृतपदायै स्वाहा

oṁ dhṛtapadāyai svāhā

She whose feet are very firm

-490-

ॐ धर्मराजप्रियायै स्वाहा

oṁ dharmarājapriyāyai svāhā

She who loves the king of the ideal of perfection

-491-

ॐ ध्रुवायै स्वाहा

oṁ dhruvāyai svāhā

She who is totally truth

-492-

ॐ धूमावत्यै स्वाहा

oṁ dhūmāvatyai svāhā

She who obscures perception

-493-

ॐ धूमकेश्यै स्वाहा

oṁ dhūmakeśyai svāhā
She who has dark hair

-494-

ॐ धर्मशास्त्रप्रकाशिन्यै स्वाहा

oṁ dharmaśāstraprakāśinyai svāhā
She who illuminates the scriptures of the ideal of perfection

-495-

ॐ नन्दायै स्वाहा

oṁ nandāyai svāhā
She who is bliss

-496-

ॐ नन्दप्रियायै स्वाहा

oṁ nandapriyāyai svāhā
She who is the lover of bliss

-497-

ॐ निद्रायै स्वाहा

oṁ nidrāyai svāhā
She who is sleep

-498-

ॐ नृनुतायै स्वाहा

oṁ nṛnutāyai svāhā
She who always has new dances

-499-

ॐ नन्दनात्मिकायै स्वाहा

oṁ nandanātmikāyai svāhā
She who has the capacity to fill the soul with bliss

-500-

ॐ नर्मदायै स्वाहा

oṁ narmadāyai svāhā
She who is the Narmadā River, or who is a river of joy

-501-

ॐ नलिन्यै स्वाहा

oṁ nalinyai svāhā

She who sits on a lotus

-502-

ॐ नीलायै स्वाहा

oṁ nīlāyai svāhā

She who is sky blue

-503-

ॐ नीलकण्ठसमाश्रयायै स्वाहा

oṁ nīlakaṇṭhasamāśrayāyai svāhā

She who takes refuge with equanimity with the blue-throated one, Śiva

-504-

ॐ नारायणप्रियायै स्वाहा

oṁ nārāyaṇapriyāyai svāhā

She who is the beloved of the manifestation of consciousness

-505-

ॐ नित्यायै स्वाहा

oṁ nityāyai svāhā

She who is eternal

-506-

ॐ निर्मलायै स्वाहा

oṁ nirmalāyai svāhā

She who is stainless

-507-

ॐ निर्गुणायै स्वाहा

oṁ nirguṇāyai svāhā

She who is without qualities

-508-

ॐ निधये स्वाहा

oṁ nidhaye svāhā
She who is the wealth

-509-

ॐ निराधारायै स्वाहा

oṁ nirādhārāyai svāhā
She who requires no support from others

-510-

ॐ निरुपमायै स्वाहा

oṁ nirupamāyai svāhā
She who has no equal

-511-

ॐ नित्यशुद्धायै स्वाहा

oṁ nityaśuddhāyai svāhā
She who is eternally pure

-512-

ॐ निरञ्जनायै स्वाहा

oṁ nirañjanāyai svāhā
She who is beyond delusion

-513-

ॐ नादविन्दुकलातीतायै स्वाहा

oṁ nādavindukalātītāyai svāhā
She who is beyond the expressions of subtle and one-pointed sound

-514-

ॐ नादविन्दुकलात्मिकायै स्वाहा

oṁ nādavindukalātmikāyai svāhā
She who expresses the soul of subtle and one-pointed sound

-515-

ॐ नृसिंहिन्यै स्वाहा

oṁ nṛsiṁhinyai svāhā

She who is beloved of the Lord who is half man half lion

-516-

ॐ नगधरायै स्वाहा

oṁ nagadharāyai svāhā

She who holds aloft the mountains

-517-

ॐ नृपनागविभूषितायै स्वाहा

oṁ nṛpanāgavibhūṣitāyai svāhā

She who illuminates the king of snakes

-518-

ॐ नरकक्लेशशमन्यै स्वाहा

oṁ narakakleśaśamanyai svāhā

She who reduces the pains of hell

-519-

ॐ नारायणपदोद्भवायै स्वाहा

oṁ nārāyaṇapadodbhavāyai svāhā

She who was produced from the feet of the manifestation of consciousness

-520-

ॐ निरवद्यायै स्वाहा

oṁ niravadyāyai svāhā

She who is beyond reproach

-521-

ॐ निराकारायै स्वाहा

oṁ nirākārāyai svāhā

She who is beyond form

-522-

ॐ नारदप्रियकारिण्यै स्वाहा

oṁ nāradapriyakāriṇyai svāhā

She who is the cause of the love and devotion of Nārada

-523-

ॐ नानाज्योतिस्समाख्यातायै स्वाहा

oṁ nānājyotissamākhyātāyai svāhā

She who illuminates many lights

-524-

ॐ निधिदायै स्वाहा

oṁ nidhidāyai svāhā

She who gives wealth

-525-

ॐ निर्मलात्मिकायै स्वाहा

oṁ nirmalātmikāyai svāhā

She who has the capacity to purify the soul

-526-

ॐ नवसुत्रधरायै स्वाहा

oṁ navasutradharāyai svāhā

She who wears the nine threads

-527-

ॐ नीतये स्वाहा

oṁ nītaye svāhā

She who is the leader

-528-

ॐ निरुपद्रवकारिण्यै स्वाहा

oṁ nirupadravakāriṇyai svāhā

She who is the cause of the absence of problems

-529-

ॐ नन्दजायै स्वाहा

oṁ nandajāyai svāhā
She who was born in bliss

-530-

ॐ नवरत्नाढ्यायै स्वाहा

oṁ navaratnāḍhyāyai svāhā
She who wears nine kinds of jewels

-531-

ॐ नैमिषारण्यवासिन्यै स्वाहा

oṁ naimiṣāraṇyavāsinyai svāhā
She who dwells in the forest of the ṛṣis

-532-

ॐ नवनीतप्रियायै स्वाहा

oṁ navanītapriyāyai svāhā
She who loves the world

-533-

ॐ नार्यै स्वाहा

oṁ nāryai svāhā
She who is female

-534-

ॐ नीलजीमूतनिस्वनायै स्वाहा

oṁ nīlajīmūtanisvanāyai svāhā
She who is the cloud and the blue sky

-535-

ॐ निमेषिण्यै स्वाहा

oṁ nimeṣiṇyai svāhā
She who blinks her eyelids

-536-

ॐ नदीरूपायै स्वाहा

oṁ nadīrūpāyai svāhā
She who is in the form of a river

-537-

ॐ नीलग्रीवायै स्वाहा

oṁ nīlagrīvāyai svāhā
She who has a blue neck

-538-

ॐ निशेश्वर्यै स्वाहा

oṁ niśeśvaryai svāhā
She who is the supreme goddess of the night

-539-

ॐ नामावल्यै स्वाहा

oṁ nāmāvalyai svāhā
She who is called by every name

-540-

ॐ निशुम्भघ्न्यै स्वाहा

oṁ niśumbhaghnyai svāhā
She who slays self-deprecation

-541-

ॐ नागलोकनिवासिन्यै स्वाहा

oṁ nāgalokanivāsinyai svāhā
She who resides with snakes

-542-

ॐ नवजांबूनदप्रख्यायै स्वाहा

oṁ navajāṁbūnadaprakhyāyai svāhā
She who is as beautiful as gold

-543-

ॐ नागलोकाधिदेवतायै स्वाहा

oṁ nāgalokādhidevatāyai svāhā
She who is the supreme goddess of the snake world

-544-

ॐ नूपुराक्रान्तचरणायै स्वाहा

oṁ nūpurākrāntacaraṇāyai svāhā
She who wears anklets on her feet

-545-

ॐ नरचित्तप्रमोदिन्यै स्वाहा

oṁ naracittapramodinyai svāhā

She who puts the minds of humanity in the ignorance of attachment

-546-

ॐ निमग्नारक्तनयनायै स्वाहा

oṁ nimagnāraktanayanāyai svāhā

She whose eyes are red and big

-547-

ॐ निर्घातसमनिस्वनायै स्वाहा

oṁ nirghātasamanisvanāyai svāhā

She who is always equal without ups and downs

-548-

ॐ नन्दनोद्यानानिरयायै स्वाहा

oṁ nandanodyānanirayāyai svāhā

She who dwells in a beautiful garden

-549-

ॐ निर्व्युहोपरिचारिण्यै स्वाहा

oṁ nirvyuhoparicāriṇyai svāhā

She who employs the invincible battle formation

-550-

ॐ पार्वत्यै स्वाहा

oṁ pārvatyai svāhā

She who is the daughter of the mountain

-551-

ॐ परमोदारायै स्वाहा

oṁ paramodārāyai svāhā

She who uplifts to the supreme

-552-

ॐ परब्रह्मात्मिकायै स्वाहा

oṁ parabrahmātmikāyai svāhā
She who has the soul of supreme divinity

-553-

ॐ परायै स्वाहा

oṁ parāyai svāhā
She who is supreme

-554-

ॐ पञ्चकोशविनिर्मुक्तायै स्वाहा

oṁ pañcakośavinirmuktāyai svāhā
She who is liberated from the five sheaths

-555-

ॐ पञ्चपातकनाशिन्यै स्वाहा

oṁ pañcapātakanāśinyai svāhā
She who destroys the five types of sin

-556-

ॐ परचित्तविधानज्ञायै स्वाहा

oṁ paracittavidhānajñāyai svāhā
She who knows the innermost reflections of all

-557-

ॐ पञ्चिकायै स्वाहा

oṁ pañcikāyai svāhā
She who embodies the five elements

-558-

ॐ पञ्चरूपिण्यै स्वाहा

oṁ pañcarūpiṇyai svāhā
She who is the capacity of the form of the five elements

-559-

ॐ पूर्णिमायै स्वाहा

oṁ pūrṇimāyai svāhā
She who is the full moon

-560-

ॐ परमायै स्वाहा

oṁ paramāyai svāhā
She who is the manifestation of the supreme

-561-

ॐ प्रीत्यै स्वाहा

oṁ prītyai svāhā
She who is beloved

-562-

ॐ परतेजःप्रकाशिन्यै स्वाहा

oṁ paratejaḥprakāśinyai svāhā
She who illuminates the supreme light

-563-

ॐ पुराण्यै स्वाहा

oṁ purāṇyai svāhā
She who is old

-564-

ॐ पौरुष्यै स्वाहा

oṁ pauruṣyai svāhā
She who is full, complete and perfect consciousness

-565-

ॐ पुण्यायै स्वाहा

oṁ puṇyāyai svāhā
She who is full of merit

-566-

ॐ पुण्डरीकनिभेक्षणायै स्वाहा

oṁ puṇḍarīkanibhekṣaṇāyai svāhā
She who has beautiful lotus eyes

-567-

ॐ पातालतलनिर्मग्नायै स्वाहा

oṁ pātālatalanirmagnāyai svāhā
She who is delighted even in the lowest hell

-568-

ॐ प्रीतायै स्वाहा

oṁ prītāyai svāhā
She who is satisfied

-569-

ॐ प्रीतिविवर्धिन्यै स्वाहा

oṁ prītivivardhinyai svāhā
She who always gives love

-570-

ॐ पावन्यै स्वाहा

oṁ pāvanyai svāhā
She who is always pure

-571-

ॐ पादसहितायै स्वाहा

oṁ pādasahitāyai svāhā
She who is expressed in verse

-572-

ॐ पेशलायै स्वाहा

oṁ peśalāyai svāhā
She who has a beautiful body

-573-

ॐ पवनाशिन्यै स्वाहा

oṁ pavanāśinyai svāhā
She who restrains the wind

-574-

ॐ प्रजापतये स्वाहा

oṁ prajāpataye svāhā
She who is the supreme lord of all beings born

-575-

ॐ परिश्रान्तायै स्वाहा

oṁ pariśrāntāyai svāhā

She who makes great effort

-576-

ॐ पर्वतस्तनमण्डलायै स्वाहा

oṁ parvatastanamaṇḍalāyai svāhā

She whose breasts are like circular mountains

-577-

ॐ पद्मप्रियायै स्वाहा

oṁ padmapriyāyai svāhā

She who loves lotuses

-578-

ॐ पद्मसंस्थायै स्वाहा

oṁ padmasaṁsthāyai svāhā

She who is situated on a lotus

-579-

ॐ पद्माक्ष्यै स्वाहा

oṁ padmākṣyai svāhā

She who has lotus eyes

-580-

ॐ पद्मसंभवायै स्वाहा

oṁ padmasaṁbhavāyai svāhā

She who was born from a lotus

-581-

ॐ पद्मपत्रायै स्वाहा

oṁ padmapatrāyai svāhā

She who is the leaf of a lotus

-582-

ॐ पद्मपदायै स्वाहा

oṁ padmapadāyai svāhā

She who has lotus feet

-583-

ॐ पद्मिन्यै स्वाहा

oṁ padminyai svāhā
She who is a lotus

-584-

ॐ प्रियभाषिण्यै स्वाहा

oṁ priyabhāṣiṇyai svāhā
She who speaks pleasing words

-585-

ॐ पशुपाशविनिर्मुक्तायै स्वाहा

oṁ paśupāśavinirmuktāyai svāhā
She who liberates from the bonds of animalism

-586-

ॐ पुरंघ्र्यै स्वाहा

oṁ puraṁghryai svāhā
She who lives within the house

-587-

ॐ पुरवासिन्यै स्वाहा

oṁ puravāsinyai svāhā
She who dwells in cities

-588-

ॐ पुष्कलायै स्वाहा

oṁ puṣkalāyai svāhā
She who brings nourishment

-589-

ॐ पुरुषायै स्वाहा

oṁ puruṣāyai svāhā
She who is full, complete and perfect consciousness

-590-

ॐ पर्वायै स्वाहा

oṁ parvāyai svāhā
She who is approached through worship

-591-

ॐ पारिजातकुसुमप्रियायै स्वाहा

oṁ pārijātakusumapriyāyai svāhā

She who loves flowers from heaven

-592-

ॐ पतिव्रतायै स्वाहा

oṁ pativratāyai svāhā

She who serves her husband with devotion

-593-

ॐ पवित्राङ्ग्यै स्वाहा

oṁ pavitrāṅgyai svāhā

She who has a pure body

-594-

ॐ पुष्पहासपरायणायै स्वाहा

oṁ puṣpahāsaparāyaṇāyai svāhā

She whose face is always laughing like a blooming flower

-595-

ॐ पज्ञावतीसुतायै स्वाहा

oṁ pajñāvatīsutāyai svāhā

She who is the child of the spirit of wisdom

-596-

ॐ पौत्र्यै स्वाहा

oṁ pautryai svāhā

She who dwells within the grandchildren

-597-

ॐ पुत्रपूज्यायै स्वाहा

oṁ putrapūjyāyai svāhā

She who is worshipped by the children

-598-

ॐ पयस्विन्यै स्वाहा

oṁ payasvinyai svāhā

She who is as pure as milk

-599-

ॐ पट्टिपाशधरायै स्वाहा

oṁ paṭṭipāśadharāyai svāhā
She who holds the net of purity

-600-

ॐ पङ्क्त्यै स्वाहा

oṁ paṅktyai svāhā
She who has special rhythm

-601-

ॐ पितृलोकप्रदायिन्यै स्वाहा

oṁ pitṛlokapradāyinyai svāhā
She who bestows the realms of the ancestors

-602-

ॐ पुराण्यै स्वाहा

oṁ purāṇyai svāhā
She who is ancient

-603-

ॐ पुण्यशीलायै स्वाहा

oṁ puṇyaśīlāyai svāhā
She who is established in merit

-604-

ॐ प्रणतार्तिविनाशिन्यै स्वाहा

oṁ praṇatārtivināśinyai svāhā
She who destroys the enemies of those who respect her

-605-

ॐ प्रद्युम्नजनन्यै स्वाहा

oṁ pradyumnajananyai svāhā
She who is the mother of the god of love

-606-

ॐ पुष्टायै स्वाहा

oṁ puṣṭāyai svāhā
She who is nourishment

-607-

ॐ पितामहपरिग्रहायै स्वाहा

oṁ pitāmahaparigrahāyai svāhā
She who has been accepted by the grandfather

-608-

ॐ पुण्डरीकपुरावासायै स्वाहा

oṁ puṇḍarīkapurāvāsāyai svāhā
She who has completely controlled the infinite consciousness

-609-

ॐ पुण्डरीकसमाननायै स्वाहा

oṁ puṇḍarīkasamānanāyai svāhā
She whose face is like infinite consciousness

-610-

ॐ पृथुजङ्घायै स्वाहा

oṁ pṛthujaṅghāyai svāhā
She who has legs that cover the earth

-611-

ॐ पृथुभुजायै स्वाहा

oṁ pṛthubhujāyai svāhā
She who has arms that cover the earth

-612-

ॐ पृथुपादायै स्वाहा

oṁ pṛthupādāyai svāhā
She who has feet that cover the earth

-613-

ॐ पृथुदर्यै स्वाहा

oṁ pṛthudaryai svāhā
She whose stomach can contain the earth

-614-

ॐ प्रवालशोभायै स्वाहा

oṁ pravālaśobhāyai svāhā
She who is the beauty of the gem

-615-

ॐ पिङ्गाक्ष्यै स्वाहा

oṁ piṅgākṣyai svāhā
She who has bright eyes

-616-

ॐ पीतवाससे स्वाहा

oṁ pītavāsase svāhā
She who always dwells in radiance

-617-

ॐ प्रचापलायै स्वाहा

oṁ pracāpalāyai svāhā
She whose nature is inconstant

-618-

ॐ प्रसवायै स्वाहा

oṁ prasavāyai svāhā
She who gives birth to all

-619-

ॐ पुष्टिदायै स्वाहा

oṁ puṣṭidāyai svāhā
She who gives nourishment

-620-

ॐ पुण्यायै स्वाहा

oṁ puṇyāyai svāhā
She who is merit

-621-

ॐ प्रतिष्ठायै स्वाहा

oṁ pratiṣṭhāyai svāhā
She who establishes all

-622-

ॐ प्रणवागत्यै स्वाहा

oṁ praṇavāgatyai svāhā
She who is the spirit of aum

-623-

ॐ पञ्चवर्णायै स्वाहा

oṁ pañcavarṇāyai svāhā

She who speaks the five lettered mantra

-624-

ॐ पञ्चवाण्यै स्वाहा

oṁ pañcavāṇyai svāhā

She who has five sounds

-625-

ॐ पञ्जिकायै स्वाहा

oṁ pañjikāyai svāhā

She who embodies the lunar calendar

-626-

ॐ पञ्जरस्थितायै स्वाहा

oṁ pañjarasthitāyai svāhā

She who is established in all

-627-

ॐ परमायायै स्वाहा

oṁ paramāyāyai svāhā

She who is the supreme measurement of consciousness

-628-

ॐ परज्योतिषे स्वाहा

oṁ parajyotiṣe svāhā

She who is in the supreme light

-629-

ॐ परप्रीतये स्वाहा

oṁ paraprītaye svāhā

She who is the supreme beloved

-630-

ॐ परागतये स्वाहा

oṁ parāgatye svāhā

She who is the supreme refuge

-631-

ॐ पराकाष्ठायै स्वाहा

oṁ parākāṣṭhāyai svāhā
She who is the supreme time

-632-

ॐ परेशान्यै स्वाहा

oṁ pareśānyai svāhā
She who is supreme ruler

-633-

ॐ पावन्यै स्वाहा

oṁ pāvanyai svāhā
She who purifies all

-634-

ॐ पावकद्युतये स्वाहा

oṁ pāvakadyutaye svāhā
She who expresses the purity of fire

-635-

ॐ पुण्यभद्रायै स्वाहा

oṁ puṇyabhadrāyai svāhā
She who is excellent merit

-636-

ॐ परिच्छेद्यायै स्वाहा

oṁ paricchedyāyai svāhā
She who cannot be divided

-637-

ॐ पुष्पहासायै स्वाहा

oṁ puṣpahāsāyai svāhā
She whose laughter is like a flower

-638-

ॐ पृथूदर्यै स्वाहा

oṁ pṛthūdaryai svāhā
She who is the support of the earth

-639-

ॐ पीताङ्ग्यै स्वाहा

oṁ pītāṅgyai svāhā
She who has a yellow body

-640-

ॐ पीतवसनायै स्वाहा

oṁ pītavasanāyai svāhā
She who wears a yellow dress

-641-

ॐ पीशय्यायै स्वाहा

oṁ pīśayyāyai svāhā
She who has a yellow bed

-642-

ॐ पिशाचिन्यै स्वाहा

oṁ piśācinyai svāhā
She who associates with disembodied spirits

-643-

ॐ पीतक्रियायै स्वाहा

oṁ pītakriyāyai svāhā
She who enjoys eating honey

-644-

ॐ पिशाचघ्न्यै स्वाहा

oṁ piśācaghnyai svāhā
She who destroys disembodied spirits

-645-

ॐ पाटलाक्ष्यै स्वाहा

oṁ pāṭalākṣyai svāhā
She who has large eyes like rose buds

-646-

ॐ पटुक्रियायै स्वाहा

oṁ paṭukriyāyai svāhā
She who is efficient in all action

-647-

ॐ पञ्चभक्षप्रियाचारायै स्वाहा

oṁ pañcabhakṣapriyācārāyai svāhā

She who loves the five kinds of food

-648-

ॐ पूतनाप्राणघातिन्यै स्वाहा

oṁ pūtanāprāṇaghātinyai svāhā

She who has taken the life from the demon Putana

-649-

ॐ पुन्नागवनमध्यस्थायै स्वाहा

oṁ punnāgavanamadhyasthāyai svāhā

She who resides in the middle of the forest of the fruits of victory

-650-

ॐ पुण्यतीर्थनिषेवितायै स्वाहा

oṁ puṇyatīrthaniṣevitāyai svāhā

She who served at the meritorious places of pilgrimage

-651-

ॐ पञ्चाङ्ग्यै स्वाहा

oṁ pañcāṅgyai svāhā

She whose body has five parts

-652-

ॐ पराशक्त्यै स्वाहा

oṁ parāśaktyai svāhā

She who is the supreme energy

-653-

ॐ परमाह्लादकारिण्यै स्वाहा

oṁ paramāhlādakāriṇyai svāhā

She who is the cause of the supreme happiness

-654-

ॐ पुष्पकाण्डस्थितायै स्वाहा

oṁ puṣpakāṇḍasthitāyai svāhā

She who is situated in the flower blossoms

-655-

ॐ पूषायै स्वाहा

oṁ pūṣāyai svāhā

She who always fulfilled

-656-

ॐ पोषिताखिलविष्टपायै स्वाहा

oṁ poṣitākhilaviṣṭapāyai svāhā

She whose desire is to nourish all the worlds

-657-

ॐ पानप्रियायै स्वाहा

oṁ pānapriyāyai svāhā

She who loves to drink

-658-

ॐ पञ्चशिखायै स्वाहा

oṁ pañcaśikhāyai svāhā

She who is highest above the five elements

-659-

ॐ पन्नगोपरिशायिन्यै स्वाहा

oṁ pannagopariśāyinyai svāhā

She who rests in the supremely divine light

-660-

ॐ पञ्चमात्रात्मिकायै स्वाहा

oṁ pañcamātrātmikāyai svāhā

She who is the intrinsic nature of the five

-661-

ॐ पृथ्व्यै स्वाहा

oṁ pṛthvyai svāhā

She who is the earth

-662-

ॐ पथिकायै स्वाहा

oṁ pathikāyai svāhā
She who is the traveler

-663-

ॐ पृथुदोहिन्यै स्वाहा

oṁ pṛthudohinyai svāhā
She who gives nectar to the earth

-664-

ॐ पुराणन्यायमीमांसायै स्वाहा

oṁ purāṇanyāyamīmāṁsāyai svāhā
She who is all philosophies of the Purāṇas from Nyāya to Mimāṁsa

-665-

ॐ पाटल्यै स्वाहा

oṁ pāṭalyai svāhā
She who holds a rose in her hand

-666-

ॐ पुष्पगन्धिन्यै स्वाहा

oṁ puṣpagandhinyai svāhā
She who exudes the scent of flowers

-667-

ॐ पुण्यप्रजायै स्वाहा

oṁ puṇyaprajāyai svāhā
She who has beautiful children of merit

-668-

ॐ पारदात्र्यै स्वाहा

oṁ pāradātryai svāhā
She who takes us across life

-669-

ॐ परमार्गैकगोचरायै स्वाहा

oṁ paramārgaikagocarāyai svāhā

She whose only goal is the path to the supreme

-670-

ॐ प्रवालशोभायै स्वाहा

oṁ pravālaśobhāyai svāhā

She who is the radiance of the gem

-671-

ॐ पूर्णाशायै स्वाहा

oṁ pūrṇāśāyai svāhā

She whose every desire is fulfilled

-672-

ॐ प्रणवायै स्वाहा

oṁ praṇavāyai svāhā

She who is expressed as oṁ and hrīṁ

-673-

ॐ पल्लवोदर्यै स्वाहा

oṁ pallavodaryai svāhā

She who is as tender as new life

-674-

ॐ फलिन्यै स्वाहा

oṁ phalinyai svāhā

She who is the fruit of all actions

-675-

ॐ फलदायै स्वाहा

oṁ phaladāyai svāhā

She who is the giver of all fruits

-676-

ॐ फल्गवे स्वाहा

oṁ phalgave svāhā

She who gives the pure fruits which nourish

-677-

ॐ फूत्कार्यै स्वाहा

oṁ phūtkāryai svāhā

She who expresses the sound phūt! when angry

-678-

ॐ फलकाकृत्यै स्वाहा

oṁ phalakākṛtyai svāhā

She who makes all the fruits of the forest

-679-

ॐ फणीन्द्रभोगशयनायै स्वाहा

oṁ phaṇīndrabhogaśayanāyai svāhā

She who enjoys rest upon the king of snake

-680-

ॐ फणिमण्डलमण्डितायै स्वाहा

oṁ phaṇimaṇḍalamaṇḍitāyai svāhā

She who is sitting on the coils of the serpents of kundalini energy

-681-

ॐ बालबालायै स्वाहा

oṁ bālabālāyai svāhā

She who is a child among the children

-682-

ॐ बहुमतायै स्वाहा

oṁ bahumatāyai svāhā

She who has many opinions

-683-

ॐ बालातपनिभांशुकायै स्वाहा

oṁ bālātapanibhāṁśukāyai svāhā

She who wears the rays of the morning sun like a cloth

-684-

ॐ बलभद्रप्रियायै स्वाहा

oṁ balabhadrapriyāyai svāhā
She who loves excellence

-685-

ॐ बन्द्यायै स्वाहा

oṁ bandyāyai svāhā
She who is worthy of worship

-686-

ॐ बडवायै स्वाहा

oṁ baḍavāyai svāhā
She who shines like fire

-687-

ॐ बुद्धिसंस्तुतायै स्वाहा

oṁ buddhisaṁstutāyai svāhā
She whose praise is sung by knowledgable people

-688-

ॐ बन्दीदेव्यै स्वाहा

oṁ bandīdevyai svāhā
She whose praises are sung

-689-

ॐ बिल्वत्यै स्वाहा

oṁ bilavatyai svāhā
She who is the form of bel

-690-

ॐ बडिशघ्न्यै स्वाहा

oṁ baḍiśaghnyai svāhā
She who destroys falsehood

-691-

ॐ बलिप्रियायै स्वाहा

oṁ balipriyāyai svāhā
She who loves sacrifice

-692-

ॐ बान्धव्यै स्वाहा

oṁ bāndhavyai svāhā
She who is the friend of all

-693-

ॐ बोधितायै स्वाहा

oṁ bodhitāyai svāhā
She who gives understanding to all

-694-

ॐ बुद्ध्यै स्वाहा

oṁ buddhyai svāhā
She who is intelligence

-695-

ॐ बन्धूककुसुमप्रियायै स्वाहा

oṁ bandhūkakusumapriyāyai svāhā
She who loves the flowers of friendship

-696-

ॐ बालभानुप्रभाकारायै स्वाहा

oṁ bālabhānuprabhākārāyai svāhā
She who is as beautiful as the illumination of the light of the morning sun

-697-

ॐ ब्राह्म्यै स्वाहा

oṁ brāhmyai svāhā
She who is creative energy

-698-

ॐ ब्राह्मणदेवतायै स्वाहा

oṁ brāhmaṇadevatāyai svāhā
She who is the goddess worshipped by those who know supreme divinity

-699-

ॐ बृहस्पतिस्तुतायै स्वाहा

oṁ bṛhaspatistutāyai svāhā

She whose praise is sung by the guru of the gods

-700-

ॐ बृन्दायै स्वाहा

oṁ bṛndāyai svāhā

She who is filled with delight

-701-

ॐ बृन्दावनविहारिण्यै स्वाहा

oṁ bṛndāvanavihāriṇyai svāhā

She who dwells in the forest of delight

-702-

ॐ बलाकिन्यै स्वाहा

oṁ balākinyai svāhā

She who is attracted to the peacock feather

-703-

ॐ बिलाहारायै स्वाहा

oṁ bilāhārāyai svāhā

She who removes the faults from activity

-704-

ॐ बिलवासायै स्वाहा

oṁ bilavāsāyai svāhā

She who dwells hidden as kuṅḍalinī

-705-

ॐ बहुदकायै स्वाहा

oṁ bahudakāyai svāhā

She who is an immense body of water

-706-

ॐ बहुनेत्रायै स्वाहा

oṁ bahunetrāyai svāhā

She who has three eyes

-707-

ॐ बहुपदायै स्वाहा

oṁ bahupadāyai svāhā

She who has many feet

-708-

ॐ बहुकर्णावतंसिकायै स्वाहा

oṁ bahukarṇāvataṁsikāyai svāhā

She who is heard in every ear

-709-

ॐ बहुवाहुयुतायै स्वाहा

oṁ bahuvāhuyutāyai svāhā

She who has many arms

-710-

ॐ बीजरूपिण्यै स्वाहा

oṁ bījarūpiṇyai svāhā

She who is the intrinsic nature of seeds

-711-

ॐ बहुरूपिण्यै स्वाहा

oṁ bahurūpiṇyai svāhā

She who has many forms

-712-

ॐ बिन्दुनादकलातीतायै स्वाहा

oṁ bindunādakalātītāyai svāhā

She who is beyond the attributes of one-pointed sound

-713-

ॐ बिन्दुनादस्वरूपिण्यै स्वाहा

oṁ bindunādasvarūpiṇyai svāhā

She who is the intrinsic nature of one-pointed sound

-714-

ॐ बद्धगोधांगुलित्राणायै स्वाहा

oṁ baddhagodhāṁgulitrāṇāyai svāhā

She who liberates all bondage by her one little finger

-715-

ॐ बदर्याश्रमवासिन्यै स्वाहा

oṁ badaryāśramavāsinyai svāhā

She who dwells in the ashram of pure knowledge

-716-

ॐ बृन्दारकायै स्वाहा

oṁ bṛndārakāyai svāhā

She who is the form of delight

-717-

ॐ बृहत्स्कन्धायै स्वाहा

oṁ bṛhatskandhāyai svāhā

She who has broad shoulders

-718-

ॐ बृहतीबाणपातिन्यै स्वाहा

oṁ bṛhatībāṇapātinyai svāhā

She who shoots the arrow of the Bṛhati meter

-719-

ॐ बृन्दाध्यक्षायै स्वाहा

oṁ bṛndādhyakṣāyai svāhā

She who is the foremost leader of delight

-720-

ॐ बहुनुतायै स्वाहा

oṁ bahunutāyai svāhā

She to whose feet all people bow

-721-

ॐ बनितायै स्वाहा

oṁ banitāyai svāhā

She who is in the form of a beautiful woman

-722-

ॐ बहुविक्रमायै स्वाहा

oṁ bhuvikramāyai svāhā

She who is the supreme authority

-723-

ॐ बद्धपद्मासनासीनायै स्वाहा

oṁ baddhapadmāsanāsīnāyai svāhā

She who sits in the full lotus posture

-724-

ॐ बिल्वपत्रतलस्थितायै स्वाहा

oṁ bilvapatratalasthitāyai svāhā

She who is situated beneath the leaves of bilva

-725-

ॐ बोधिद्रुमनिजावासायै स्वाहा

oṁ bodhidrumanijāvāsāyai svāhā

She who dwells at the foot of the tree of wisdom

-726-

ॐ बडिस्थायै स्वाहा

oṁ baḍisthāyai svāhā

She who is situated in greatness

-727-

ॐ बिन्दुदर्पणायै स्वाहा

oṁ bindudarpaṇāyai svāhā

She who is the reflection of the one point of existence

-728-

ॐ बालायै स्वाहा

oṁ bālāyai svāhā

She who is a girl

-729-

ॐ बाणासनवत्यै स्वाहा

oṁ bāṇāsanavatyai svāhā

She who holds a bow

-730-

ॐ बडवानलवेगिन्यै स्वाहा

oṁ baḍavānalaveginyai svāhā

She who is the spirit of a great forest fire

-731-

ॐ ब्रह्माण्डवहिरन्तःस्थायै स्वाहा

oṁ brahmāṇḍavahirantaḥsthāyai svāhā

She who is situated both inside and outside the creation

-732-

ॐ ब्रह्मकङ्कणसूत्रिण्यै स्वाहा

oṁ brahmakaṅkaṇasūtriṇyai svāhā

She who expresses the knowledge of supreme divinity

-733-

ॐ भवान्यै स्वाहा

oṁ bhavānyai svāhā

She who embodies all existence

-734-

ॐ भीषणवत्यै स्वाहा

oṁ bhīṣaṇavatyai svāhā

She who is especially wonderful

-735-

ॐ भाविन्यै स्वाहा

oṁ bhāvinyai svāhā

She who creates, protects, and transforms

-736-

ॐ भयहारिण्यै स्वाहा

oṁ bhayahāriṇyai svāhā

She who takes away fear

-737-

ॐ भद्रकाल्यै स्वाहा

oṁ bhadrakālyai svāhā

She who is the excellent remover of darkness

-738-

ॐ भुजङ्गाक्ष्यै स्वाहा

oṁ bhujaṅgākṣyai svāhā

She who has eyes like a snake

-739-

ॐ भारत्यै स्वाहा

oṁ bhāratyai svāhā
She who is the light of wisdom

-740-

ॐ भारताशयायै स्वाहा

oṁ bhāratāśayāyai svāhā
She who rests in the light of wisdom

-741-

ॐ भैरव्यै स्वाहा

oṁ bhairavyai svāhā
She who is fearful

-742-

ॐ भीषणकारायै स्वाहा

oṁ bhīṣaṇakārāyai svāhā
She whose form is tremendous

-743-

ॐ भूतिदायै स्वाहा

oṁ bhūtidāyai svāhā
She who manifests existence

-744-

ॐ भूतिमालिन्यै स्वाहा

oṁ bhūtimālinyai svāhā
She who cultivates existence

-745-

ॐ भामिन्यै स्वाहा

oṁ bhāminyai svāhā
She who expresses anger

-746-

ॐ भोगनिरतायै स्वाहा

oṁ bhoganiratāyai svāhā
She who enjoys incessantly

-747-

ॐ भद्रदायै स्वाहा

oṁ bhadradāyai svāhā

She who gives excellence

-748-

ॐ भूरिविक्रमायै स्वाहा

oṁ bhūrivikramāyai svāhā

She who is beyond many rules

-749-

ॐ भूतवासायै स्वाहा

oṁ bhūtavāsāyai svāhā

She who resides within the elements

-750-

ॐ भृगुलतायै स्वाहा

oṁ bhṛgulatāyai svāhā

She who embraces the father of astrology, Bhṛgu

-751-

ॐ भार्गव्यै स्वाहा

oṁ bhārgavyai svāhā

She who embodies wealth, wife of Bhṛgu

-752-

ॐ भूसुरार्चितायै स्वाहा

oṁ bhūsurārcitāyai svāhā

She who is worshipped by the gods of the earth

-753-

ॐ भागीरत्यै स्वाहा

oṁ bhāgīratyai svāhā

She who is the carrier of purity, Gaṅga

-754-

ॐ भोगवत्यै स्वाहा

oṁ bhogavatyai svāhā

She who is the spirit of all enjoyment

-755-

ॐ भुवनस्थायै स्वाहा

oṁ bhuvanasthāyai svāhā

She who lives on the earth

-756-

ॐ भिषग्वरायै स्वाहा

oṁ bhiṣagvarāyai svāhā

She who gives the blessing of health

-757-

ॐ भामिन्यै स्वाहा

oṁ bhāminyai svāhā

She who illuminates the highest attitude

-758-

ॐ भोगिन्यै स्वाहा

oṁ bhoginyai svāhā

She who enjoys

-759-

ॐ भाषायै स्वाहा

oṁ bhāṣāyai svāhā

She who is language

-760-

ॐ भवान्यै स्वाहा

oṁ bhavānyai svāhā

She who is all existence

-761-

ॐ भूरिदक्षिणायै स्वाहा

oṁ bhūridakṣiṇāyai svāhā

She who gives great gifts

-762-

ॐ भर्गात्मिकायै स्वाहा

oṁ bhargātmikāyai svāhā

She who has great light

-763-

ॐ भीमवत्यै स्वाहा

oṁ bhīmavatyai svāhā
She who is most powerful

-764-

ॐ भववन्धविमोचिन्यै स्वाहा

oṁ bhavavandhavimocinyai svāhā
She who removes the bonds of existence

-765-

ॐ भजनीयायै स्वाहा

oṁ bhajanīyāyai svāhā
She who is worshipped through song

-766-

ॐ भूतधात्रीरञ्जितायै स्वाहा

oṁ bhūtadhātrīrañjitāyai svāhā
She who delights in creating all the elements

-767-

ॐ भुवनेश्वर्यै स्वाहा

oṁ bhuvaneśvaryai svāhā
She who is the supreme goddess of the world

-768-

ॐ भुजङ्गवलयायै स्वाहा

oṁ bhujaṅgavalayāyai svāhā
She who is in the form of a snake

-769-

ॐ भीमायै स्वाहा

oṁ bhīmāyai svāhā
She who is powerful

-770-

ॐ भेरुण्डायै स्वाहा

oṁ bheruṇḍāyai svāhā
She who wears a garland of skulls

-771-

ॐ भागधेयिन्यै स्वाहा

oṁ bhāgadheyinyai svāhā
She who gives each his good fortune

-772-

ॐ मात्रे स्वाहा

oṁ mātre svāhā
She who is the mother

-773-

ॐ मायायै स्वाहा

oṁ māyāyai svāhā
She who is the great limitation

-774-

ॐ मधुमत्यै स्वाहा

oṁ madhumatyai svāhā
She who is full of sweetness

-775-

ॐ मधुजिह्वायै स्वाहा

oṁ madhujihvāyai svāhā
She whose tongue is sweet

-776-

ॐ मधुप्रियायै स्वाहा

oṁ madhupriyāyai svāhā
She who loves sweetness

-777-

ॐ महादेव्यै स्वाह

oṁ mahādevyai svāhā
She who is the great goddess

-778-

ॐ महाभागायै स्वाहा

oṁ mahābhāgāyai svāhā
She who is the great fortune

-779-

ॐ मालिन्यै स्वाहा

oṁ mālinyai svāhā
She who is the cultivator

-780-

ॐ मीनलोचनायै स्वाहा

oṁ mīnalocanāyai svāhā
She who has the eyes of a fish

-781-

ॐ मायातीतायै स्वाहा

oṁ māyātītāyai svāhā
She who is beyond limitations

-782-

ॐ मधुमत्यै स्वाहा

oṁ madhumatyai svāhā
She who is the spirit of sweetness

-783-

ॐ मधुमांसायै स्वाहा

oṁ madhumāṁsāyai svāhā
She whose body is sweet

-784-

ॐ मधुध्रवायै स्वाहा

oṁ madhudhravāyai svāhā
She who is pleased with the offering of sweetness

-785-

ॐ मानव्यै स्वाहा

oṁ mānavyai svāhā
She who is human

-786-

ॐ मधुसम्भूतायै स्वाहा

oṁ madhusambhūtāyai svāhā
She who is born from sweetness

-787-

ॐ मिथिलापुरवासिन्यै स्वाहा

oṁ mithilāpuravāsinyai svāhā
She who resides in the city of Mithilā

-788-

ॐ मधुकैटभसंहर्त्र्यै स्वाहा

oṁ madhukaiṭabhasaṁhartryai svāhā
She who destroys Too Much and Too Little

-789-

ॐ मेदिन्यै स्वाहा

oṁ medinyai svāhā
She who is the earth

-790-

ॐ मेघमालिण्यै स्वाहा

oṁ meghamāliṇyai svāhā
She who wears a garland of clouds

-791-

ॐ मन्दोदर्यै स्वाहा

oṁ mandodaryai svāhā
She who supports the mind

-792-

ॐ महामायायै स्वाहा

oṁ mahāmāyāyai svāhā
She who is the great limitation of consciousness

-793-

ॐ मैथिल्यै स्वाहा

oṁ maithilyai svāhā
She who is a citizen of Mithilā

-794-

ॐ ममृणप्रियायै स्वाहा

oṁ mamṛṇapriyāyai svāhā
She who loves with great sweetness

-795-

ॐ महालक्ष्म्यै स्वाहा

oṁ mahālakṣmyai svāhā

She who is the great goal of existence

-796-

ॐ महाकाल्यै स्वाहा

oṁ mahākālyai svāhā

She who is the great remover of darkness

-797-

ॐ महाकन्यायै स्वाहा

oṁ mahākanyāyai svāhā

She who is the great daughter

-798-

ॐ महेश्वर्यै स्वाहा

oṁ maheśvaryai svāhā

She who is the supreme goddess as mother

-799-

ॐ माहेन्द्र्यै स्वाहा

oṁ māhendryai svāhā

She who is great ruler of divinity

-800-

ॐ मेरुतनयायै स्वाहा

oṁ merutanayāyai svāhā

She who is the embodiment of the mountain Meru

-801-

ॐ मन्दारकुसुमार्चितायै स्वाहा

oṁ mandārakusumārcitāyai svāhā

She who is offered heavenly flowers

-802-

ॐ मञ्जुमञ्जीरचरणायै स्वाहा

oṁ mañjumañjīracaraṇāyai svāhā

She who anklet sounds are heard everywhere

-803-

ॐ मोक्षदायै स्वाहा

oṁ mokṣadāyai svāhā
She who gives liberation

-804-

ॐ मञ्जुभाषिण्यै स्वाहा

oṁ mañjubhāṣiṇyai svāhā
She whose language is sweet

-805-

ॐ मधुरद्राविण्यै स्वाहा

oṁ madhuradrāviṇyai svāhā
She whose sweetness pervades all

-806-

ॐ मुद्रायै स्वाहा

oṁ mudrāyai svāhā
She who is expressed in mystical symbols

-807-

ॐ मलयायै स्वाहा

oṁ malayāyai svāhā
She who dwells in the Himalayas

-808-

ॐ मलयान्वितायै स्वाहा

oṁ malayānvitāyai svāhā
She who is annointed with scent

-809-

ॐ मेधायै स्वाहा

oṁ medhāyai svāhā
She who embodies the intellect of love

-810-

ॐ मरतश्यामायै स्वाहा

oṁ marataśyāmāyai svāhā
She who is like a dark jewel

-811-

ॐ मागध्यै स्वाहा

oṁ māgadhyai svāhā

She who is the goddess who dwells in Bihār

-812-

ॐ मेनकात्मजायै स्वाहा

oṁ menakātmajāyai svāhā

She who gives birth to the possibilities of the mind

-813-

ॐ महामार्यै स्वाहा

oṁ mahāmāryai svāhā

She who is the great destroyer

-814-

ॐ महावीरायै स्वाहा

oṁ mahāvīrāyai svāhā

She who is the great hero

-815-

ॐ महाश्यामायै स्वाहा

oṁ mahāśyāmāyai svāhā

She who is great darkness

-816-

ॐ मनुस्तुतायै स्वाहा

oṁ manustutāyai svāhā

She who was worshipped by the Manu, the first manifestation of mind

-817-

ॐ मातृकायै स्वाहा

oṁ mātṛkāyai svāhā

She who is the embodiment of the mother

-818-

ॐ मिहिराभासायै स्वाहा

oṁ mihirābhāsāyai svāhā

She who is expressed by the light of wisdom

-819-

ॐ मुकुन्दपदविक्रमायै स्वाहा

oṁ mukundapadavikramāyai svāhā

She who is the discipline to attain the feet of God

-820-

ॐ मूलाधारस्थिरायै स्वाहा

oṁ mūlādhārasthirāyai svāhā

She who dwells in the mulādhāra cakra

-821-

ॐ मुग्धायै स्वाहा

oṁ mugdhāyai svāhā

She who is always fun

-822-

ॐ मणिपूरकवासिन्यै स्वाहा

oṁ maṇipūrakavāsinyai svāhā

She who dwells in the maṇipūra cakra

-823-

ॐ मृगाक्ष्यै स्वाहा

oṁ mṛgākṣyai svāhā

She whose eyes are like a deer

-824-

ॐ महिषारूढायै स्वाहा

oṁ mahiṣārūḍhāyai svāhā

She who rides upon a buffalo

-825-

ॐ महिषासुरमर्दिन्यै स्वाहा

oṁ mahiṣāsuramardinyai svāhā

She who is the destroyer of the great ego

-826-

ॐ योगासनायै स्वाहा

oṁ yogāsanāyai svāhā

She who sits in the posture of yoga

-827-

ॐ योगगम्यायै स्वाहा

oṁ yogagamyāyai svāhā

She who always moves in union

-828-

ॐ योगायै स्वाहा

oṁ yogāyai svāhā

She who is always in union

-829-

ॐ यौवनकाश्रयायै स्वाहा

oṁ yauvanakāśrayāyai svāhā

She who gives refuge to youth

-830-

ॐ यौवन्यै स्वाहा

oṁ yauvanyai svāhā

She who is young

-831-

ॐ युद्धमध्यस्थायै स्वाहा

oṁ yuddhamadhyasthāyai svāhā

She who is established in the center of battle

-832-

ॐ यमुनायै स्वाहा

oṁ yamunāyai svāhā

She who is the river Yamuna

-833-

ॐ युगधारिण्यै स्वाहा

oṁ yugadhāriṇyai svāhā

She who supports the revolutions of time

-834-

ॐ यक्षिण्यै स्वाहा

oṁ yakṣiṇyai svāhā

She who is in the beings attached to wealth

-835-

ॐ योगयुक्तायै स्वाहा

oṁ yogayuktāyai svāhā

She who is united in union

-836-

ॐ यक्षराजप्रसूतिन्यै स्वाहा

oṁ yakṣarājaprasūtinyai svāhā

She who gives birth to the king of those beings attached to wealth

-837-

ॐ यात्रायै स्वाहा

oṁ yātrāyai svāhā

She who is on the divine journey

-838-

ॐ यानविधानज्ञायै स्वाहा

oṁ yānavidhānajñāyai svāhā

She who knows how to go

-839-

ॐ यदुवंशसमुद्भवायै स्वाहा

oṁ yaduvaṁśasamudbhavāyai svāhā

She who gave birth to the clan of Yadu (family of Kṛṣṇa)

-840-

ॐ यकारादिहकारान्तायै स्वाहा

oṁ yakārādihakārāntāyai svāhā

She who is the eight letters from ya to ha

-841-

ॐ याजुष्यै स्वाहा

oṁ yājuṣyai svāhā

She who is worshipped in the Yajur Veda

-842-

ॐ यज्ञरूपिण्यै स्वाहा

oṁ yajñarūpiṇyai svāhā

She who is the form of sacrifice

-843-

ॐ यामिन्यै स्वाहा

oṁ yāminyai svāhā

She who is dark as night

-844-

ॐ योगनिरतायै स्वाहा

oṁ yoganiratāyai svāhā

She who is always absorbed in union

-845-

ॐ यातुधानभयङ्कर्यै स्वाहा

oṁ yātudhānabhayaṅkaryai svāhā

She who instills fear in beings of duality

-846-

ॐ रुक्मिण्यै स्वाहा

oṁ rukmiṇyai svāhā

She who is the energy of the doer of all

-847-

ॐ रमण्यै स्वाहा

oṁ ramaṇyai svāhā

She who is filled with beautiful bliss

-848-

ॐ रामायै स्वाहा

oṁ rāmāyai svāhā

She who is the energy of the subtle manifestation of consciousness

-849-

ॐ रेवत्यै स्वाहा

oṁ revatyai svāhā

She who is fresh as the spring

-850-

ॐ रेणुकायै स्वाहा

oṁ reṇukāyai svāhā

She who is mother of the Ṛṣi Paraśurāma

-851-

ॐ रत्यै स्वाहा

oṁ ratyai svāhā

She who is the spring

-852-

ॐ रौद्र्यै स्वाहा

oṁ raudryai svāhā

She who is fierce

-853-

ॐ रौद्रप्रियाकारायै स्वाहा

oṁ raudrapriyākārāyai svāhā

She who is the beloved of the Reliever of Sufferings

-854-

ॐ राममात्रे स्वाहा

oṁ rāmamātre svāhā

She who is the mother of Rāma

-855-

ॐ रतिप्रियायै स्वाहा

oṁ ratipriyāyai svāhā
She who is the lover of the spring

-856-

ॐ रोहिण्यै स्वाहा

oṁ rohiṇyai svāhā
She who is the illuminator of the heavens

-857-

ॐ राज्यदायै स्वाहा

oṁ rājyadāyai svāhā
She who is the giver of the kingdom

-858-

ॐ रेवायै स्वाहा

oṁ revāyai svāhā
She who is a musical rhythm

-859-

ॐ रमायै स्वाहा

oṁ ramāyai svāhā
She who is beauty manifest

-860-

ॐ राजीवलोचनायै स्वाहा

oṁ rājīvalocanāyai svāhā
She whose eyes are like lotuses

-861-

ॐ राकेश्यै स्वाहा

oṁ rākeśyai svāhā
She who is the spot on the forehead of the moon

-862-

ॐ रूपसम्पन्नायै स्वाहा

oṁ rūpasampannāyai svāhā
She who has the form most beautiful

-863-

ॐ रत्नसिंहासनस्थितायै स्वाहा

oṁ ratnasiṁhāsanasthitāyai svāhā

She who is situated upon a throne of jewels

-864-

ॐ रक्तमाल्याम्बरधरायै स्वाहा

oṁ raktamālyāmbaradharāyai svāhā

She who wears a red garland and dress

-865-

ॐ रक्तगन्धानुलेपनायै स्वाहा

oṁ raktagandhānulepanāyai svāhā

She whose body is smeared with red unguents

-866-

ॐ राजहंससमारूढायै स्वाहा

oṁ rājahaṁsasamārūḍhāyai svāhā

She who rides upon the king of swans

-867-

ॐ रम्भायै स्वाहा

oṁ rambhāyai svāhā

She who illuminates beauty

-868-

ॐ रक्तबलिप्रियायै स्वाहा

oṁ raktabalipriyāyai svāhā

She who loves the red offering

-869-

ॐ रमणीययुगाधारायै स्वाहा

oṁ ramaṇīyayugādhārāyai svāhā

She who supports the beautiful period of time (satya yuga)

-870-

ॐ राजिताखिलभूतलायै स्वाहा

oṁ rājitākhilabhūtalāyai svāhā

She whose kingdom is the entire earth

-871-

ॐ रुरुचर्मपरीधानायै स्वाहा

oṁ rurucarmaparīdhānāyai svāhā

She who wears a tiger skin

-872-

ॐ रथिन्यै स्वाहा

oṁ rathinyai svāhā

She who travels by chariot

-873-

ॐ रत्नमालिकायै स्वाहा

oṁ ratnamālikāyai svāhā

She who wears a mālā of jewels

-874-

ॐ रोगेश्यै स्वाहा

oṁ rogeśyai svāhā

She who is the ruler of all diseases

-875-

ॐ रोगशमन्यै स्वाहा

oṁ rogaśamanyai svāhā

She who destroys all illness

-876-

ॐ राविण्यै स्वाहा

oṁ rāviṇyai svāhā

She who calls in a loud voice

-877-

ॐ रोमहर्षिण्यै स्वाहा

oṁ romaharṣiṇyai svāhā

She whose skin tingles with delight

-878-

ॐ रामचन्द्रपदाक्रान्तायै स्वाहा

oṁ rāmacandrapadākrāntāyai svāhā

She who was saved by the foot of Rāma

-879-

ॐ रावणच्छेदकारिण्यै स्वाहा

oṁ rāvaṇacchedakāriṇyai svāhā
She who is the cause of the destruction of Rāvaṇa

-880-

ॐ रत्नवस्त्रपरिच्छिन्नायै स्वाहा

oṁ ratnavastraparicchinnāyai svāhā
She who wears a cloth inlaid with jewels

-881-

ॐ रथस्थायै स्वाहा

oṁ rathasthāyai svāhā
She who is situated upon a chariot

-882-

ॐ रुक्मभूषणायै स्वाहा

oṁ rukmabhūṣaṇāyai svāhā
She who is bountifully adorned

-883-

ॐ लज्जाधिदेवतायै स्वाहा

oṁ lajjādhidevatāyai svāhā
She who is the goddess of modesty

-884-

ॐ लोलायै स्वाहा

oṁ lolāyai svāhā
She who is extremely active

-885-

ॐ ललितायै स्वाहा

oṁ lalitāyai svāhā
She who is playful

-886-

ॐ लिङ्गधारिण्यै स्वाहा

oṁ liṅgadhāriṇyai svāhā
She who supports the subtle body

-887-

ॐ लक्ष्म्यै स्वाहा

oṁ lakṣmyai svāhā
She who is the goal of all wealth

-888-

ॐ लीलायै स्वाहा

oṁ līlāyai svāhā
She who enacts the drama of existence

-889-

ॐ लुप्तविषायै स्वाहा

oṁ luptaviṣāyai svāhā
She who is beyond all poisons

-890-

ॐ लोकिन्यै स्वाहा

oṁ lokinyai svāhā
She who is all the worlds

-891-

ॐ लोकविश्रुतायै स्वाहा

oṁ lokaviśrutāyai svāhā
She who is remembered by all the people

-892-

ॐ लज्ज्ञायै स्वाहा

oṁ lajjāyai svāhā
She who is modesty

-893-

ॐ लम्भोदरीदेव्यै स्वाहा

oṁ lambhodarīdevyai svāhā
She who is the goddess with a big belly

-894-

ॐ ललनायै स्वाहा

oṁ lalanāyai svāhā
She who is most beloved

-895-

ॐ लोकधारिण्यै स्वाहा

oṁ lokadhāriṇyai svāhā

She who is the support of the worlds

-896-

ॐ वरदायै स्वाहा

oṁ varadāyai svāhā

She who is the giver of boons

-897-

ॐ वन्दितायै स्वाहा

oṁ vanditāyai svāhā

She who is worshipped

-898-

ॐ विद्यायै स्वाहा

oṁ vidyāyai svāhā

She who is knowledge

-899-

ॐ वैष्णव्यै स्वाहा

oṁ vaiṣṇavyai svāhā

She who pervades all

-900-

ॐ विमलाकृत्यै स्वाहा

oṁ vimalākṛtyai svāhā

She whose form is pure

-901-

ॐ वाराह्यै स्वाहा

oṁ vārāhyai svāhā

She who is the boar of sacrifice

-902-

ॐ विरजायै स्वाहा

oṁ virajāyai svāhā

She who is established

-903-

ॐ वर्षायै स्वाहा

oṁ varṣāyai svāhā

She who is all time

-904-

ॐ वरलक्ष्म्यै स्वाहा

oṁ varalakṣmyai svāhā

She who is the goal of all boons

-905-

ॐ विलासिन्यै स्वाहा

oṁ vilāsinyai svāhā

She who dwells in all desire

-906-

ॐ विनतायै स्वाहा

oṁ vinatāyai svāhā

She who gives great respect

-907-

ॐ व्योममध्यस्थायै स्वाहा

oṁ vyomamadhyasthāyai svāhā

She who is situated in the middle of the sky

-908-

ॐ वारिजासनसंस्थितायै स्वाहा

oṁ vārijāsanasaṁsthitāyai svāhā

She who is situated on a lotus seat

-909-

ॐ वारुण्यै स्वाहा

oṁ vāruṇyai svāhā

She who dwells within the wine

-910-

ॐ वेणुसंभूतायै स्वाहा

oṁ veṇusaṁbhūtāyai svāhā

She who is the sound born from the flute

-911-

ॐ वीतिहोत्रायै स्वाहा

oṁ vītihotrāyai svāhā

She who offers the sacred fire

-912-

ॐ विरूपिण्यै स्वाहा

oṁ virūpiṇyai svāhā

She who has many forms

-913-

ॐ वायुमण्डलमध्यस्थायै स्वाहा

oṁ vāyumaṇḍalamadhyasthāyai svāhā

She who is situated in the middle of the regions of air

-914-

ॐ विष्णुरूपायै स्वाहा

oṁ viṣṇurūpāyai svāhā

She who is the form of the consciousness which pervades all

-915-

ॐ विधिप्रियायै स्वाहा

oṁ vidhipriyāyai svāhā

She who loves the systems of worship

-916-

ॐ विष्णुपत्न्यै स्वाहा

oṁ viṣṇupatnyai svāhā

She who is the wife of the consciousness which pervades all

-917-

ॐ विष्णुमत्यै स्वाहा

oṁ viṣṇumatyai svāhā

She who is thoughts of the consciousness which pervades all

-918-

ॐ विशालाक्ष्यै स्वाहा

oṁ viśālākṣyai svāhā

She who has big eyes

-919-

ॐ वसुन्धरायै स्वाहा

oṁ vasundharāyai svāhā
She who is the earth

-920-

ॐ वामदेवप्रियायै स्वाहा

oṁ vāmadevapriyāyai svāhā
She who is the beloved of the beloved god

-921-

ॐ वेलायै स्वाहा

oṁ velāyai svāhā
She who is time

-922-

ॐ वज्रिण्यै स्वाहा

oṁ vajriṇyai svāhā
She who holds the thunderbolt

-923-

ॐ वसुदोहिन्यै स्वाहा

oṁ vasudohinyai svāhā
She who loves to give wealth

-924-

ॐ वेदाक्षरपरीताङ्ग्यै स्वाहा

oṁ vedākṣaraparītāṅgyai svāhā
She whose body is comprised of the letters from the Vedas

-925-

ॐ वाजपेयफलप्रदायै स्वाहा

oṁ vājapeyaphalapradāyai svāhā
She who gives the fruit of drinking the nectar of spiritual strength

-926-

ॐ वासव्यै स्वाहा

oṁ vāsavyai svāhā
She who is the Ruler of the Pure

-927-

ॐ वामजनन्यै स्वाहा

oṁ vāmajananyai svāhā
She who is the mother of the beloved one

-928-

ॐ वैकुण्ठनिलयायै स्वाहा

oṁ vaikuṇṭhanilayāyai svāhā
She whose home is the heaven of Viṣṇu

-929-

ॐ वरायै स्वाहा

oṁ varāyai svāhā
She who is a blessing

-930-

ॐ व्यासप्रियायै स्वाहा

oṁ vyāsapriyāyai svāhā
She who loves the authors of a thousand verses

-931-

ॐ वर्मधरायै स्वाहा

oṁ varmadharāyai svāhā
She who wears armor

-932-

ॐ वाल्मीकिपरिसेवितायै स्वाहा

oṁ vālmīkiparisevitāyai svāhā
She who is served by the Ṛṣi Vālmīki

-933-

ॐ शाकम्भर्यै स्वाहा

oṁ śākambharyai svāhā
She who nourishes with vegetables

-934-

ॐ शिवायै स्वाहा

oṁ śivāyai svāhā
She who is the energy of Śiva

-935-

ॐ शान्तायै स्वाहा

oṁ śāntāyai svāhā
She who is peace

-936-

ॐ शारदायै स्वाहा

oṁ śāradāyai svāhā
She who is the goddess Saraswati

-937-

ॐ शरणागतये स्वाहा

oṁ śaraṇāgataye svāhā
She who gives refuge

-938-

ॐ शातोदर्यै स्वाहा

oṁ śātodaryai svāhā
She who gives rise to divine light

-939-

ॐ शभाचारायै स्वाहा

oṁ śabhācārāyai svāhā
She whose behavior is pure

-940-

ॐ शुम्भासुरविमर्दिन्यै स्वाहा

oṁ śumbhāsuravimardinyai svāhā
She who destroys self-conceit

-941-

ॐ शोभावत्यै स्वाहा

oṁ śobhāvatyai svāhā
She who is extremely beautiful

-942-

ॐ शिवाकारायै स्वाहा

oṁ śivākārāyai svāhā
She who gives consciousness filled with goodness

-943-

ॐ शङ्करार्धशरीरिण्यै स्वाहा

oṁ śaṅkarārdhaśarīriṇyai svāhā
She who is half of the body of the cause of peace

-944-

ॐ शोणायै स्वाहा

oṁ śoṇāyai svāhā
She who is red

-945-

ॐ शुभाशयायै स्वाहा

oṁ śubhāśayāyai svāhā
She who is the repository of purity

-946-

ॐ शुभ्रायै स्वाहा

oṁ śubhrāyai svāhā
She who is bright

-947-

ॐ शिरःसन्धानकारिण्यै स्वाहा

oṁ śiraḥsandhānakāriṇyai svāhā
She who is the cause of the mark on the heads of demons

-948-

ॐ शरावत्यै स्वाहा

oṁ śarāvatyai svāhā
She who is the spirit in the arrow

-949-

ॐ शरानन्दायै स्वाहा

oṁ śarānandāyai svāhā

She who gives bliss when the arrow is fired

-950-

ॐ शरज्ज्योत्स्नायै स्वाहा

oṁ śarajjyotsnāyai svāhā

She who is the blissfull light of the full moon in autumn

-951-

ॐ शुभाननायै स्वाहा

oṁ śubhānanāyai svāhā

She whose face is pure

-952-

ॐ शरभायै स्वाहा

oṁ śarabhāyai svāhā

She who is the illumination of the arrow

-953-

ॐ शूलिन्यै स्वाहा

oṁ śūlinyai svāhā

She who holds the spear

-954-

ॐ सुद्धायै स्वाहा

oṁ suddhāyai svāhā

She who is pure

-955-

ॐ शबर्यै स्वाहा

oṁ śabaryai svāhā

She who waited in devotion for Rāma

-956-

ॐ शुकवाहनायै स्वाहा

oṁ śukavāhanāyai svāhā

She who is carried by a parrot

-957-

ॐ श्रीमत्यै स्वाहा

oṁ śrīmatyai svāhā

She who is the embodiment of all respect

-958-

ॐ श्रीधरानन्दायै स्वाहा

oṁ śrīdharānandāyai svāhā

She who is the bliss of ultimate respect

-959-

ॐ श्रवणानन्ददायिन्यै स्वाहा

oṁ śravaṇānandadāyinyai svāhā

She who is the giver of bliss to the listener

-960-

ॐ शर्वाण्यै स्वाहा

oṁ śarvāṇyai svāhā

She who is all energy

-961-

ॐ शर्वरीवन्धायै स्वाहा

oṁ śarvarīvandhāyai svāhā

She who is worshipped in the morning and evening

-962-

ॐ षड्भाषायै स्वाहा

oṁ ṣaḍbhāṣāyai svāhā

She who is the pure language of all beings

-963-

ॐ षड्ऋतुप्रियायै स्वाहा

oṁ ṣaṅṛtupriyāyai svāhā

She who loves the six seasons

-964-

ॐ षडाधारस्थितादेव्यै स्वाहा

oṁ ṣaḍādhārasthitādevyai svāhā

She who is situated in six places (cakras or aṅganyāsa)

-965-

ॐ षण्मुखप्रियकारिण्यै स्वाहा

oṁ ṣaṇmukhapriyakāriṇyai svāhā

She who is the cause of the love of the six-faced one

-966-

ॐ षडङ्गरूपसुमतिसुरासुरनमस्कृतायै स्वाहा

oṁ ṣaḍaṅgarūpasumatisurāsuranamaskṛtāyai svāhā

She who is respected by gods and aśuras in the six centers of the body

-967-

ॐ सरस्वत्यै स्वाहा

oṁ sarasvatyai svāhā

She who is the goddess of knowledge

-968-

ॐ सदाधारायै स्वाहा

oṁ sadādhārāyai svāhā

She who supports and respects truth

-969-

ॐ सर्वमङ्गलकारिण्यै स्वाहा

oṁ sarvamaṅgalakāriṇyai svāhā

She who is the cause of welfare to all

-970-

ॐ सामगानप्रियायै स्वाहा

oṁ sāmagānapriyāyai svāhā

She who loves the songs of the Sāma Veda

-971-

ॐ सूक्ष्मायै स्वाहा

oṁ sūkṣmāyai svāhā

She who is extremely subtle

-972-

ॐ सावित्र्यै स्वाहा

oṁ sāvitryai svāhā
She who is the daughter of the sun

-973-

ॐ सामसम्भवायै स्वाहा

oṁ sāmasambhavāyai svāhā
She who was produced from the Sāma Veda

-974-

ॐ सर्वावासायै स्वाहा

oṁ sarvāvāsāyai svāhā
She whose dwelling is everywhere

-975-

ॐ सदानन्दायै स्वाहा

oṁ sadānandāyai svāhā
She who is always in bliss

-976-

ॐ सुस्तन्यै स्वाहा

oṁ sustanyai svāhā
She whose breasts are beautiful

-977-

ॐ सागराम्बरायै स्वाहा

oṁ sāgarāmbarāyai svāhā
She who wears the ocean as a garment

-978-

ॐ सर्वैश्वर्यप्रियायै स्वाहा

oṁ sarvaiśvaryapriyāyai svāhā
She who loves all that is divine

-979-

ॐ सिद्‌ध्यै स्वाहा

oṁ siddhyai svāhā
She who has attained perfection

-980-

ॐ साधुवन्धुपराक्रमायै स्वाहा

oṁ sādhuvandhuparākramāyai svāhā

She whose friends are efficient

-981-

ॐ सप्तर्षिमण्डलगतायै स्वाहा

oṁ saptarṣimaṇḍalagatāyai svāhā

She who moves in the circle of the seven ṛṣis

-982-

ॐ सोममण्डलवासिन्यै स्वाहा

oṁ somamaṇḍalavāsinyai svāhā

She who dwells in the circle of the moon, the nectar of devotion

-983-

ॐ सर्वज्ञायै स्वाहा

oṁ sarvajñāyai svāhā

She who knows all

-984-

ॐ सान्द्रकरुणायै स्वाहा

oṁ sāndrakaruṇāyai svāhā

She who is the nectar of compassion

-985-

ॐ समानाधिकवर्जितायै स्वाहा

oṁ samānādhikavarjitāyai svāhā

She who dwells in the ultimate equilibrium

-986-

ॐ सर्वोत्तुङ्गायै स्वाहा

oṁ sarvottuṅgāyai svāhā

She who is above all

-987-

ॐ संगहीनायै स्वाहा

oṁ saṁgahīnāyai svāhā
She who has no companion

-988-

ॐ सद्गूणायै स्वाहा

oṁ sadgūṇāyai svāhā
She who has the quality of truth

-989-

ॐ सकलेष्टदायै स्वाहा

oṁ sakaleṣṭadāyai svāhā
She who fulfills all desires

-990-

ॐ सरघायै स्वाहा

oṁ saraghāyai svāhā
She who is like a bee

-991-

ॐ सूर्यतनयायै स्वाहा

oṁ sūryatanayāyai svāhā
She who is the child of the light of wisdom

-992-

ॐ सुकेश्यै स्वाहा

oṁ sukeśyai svāhā
She whose hair is beautiful

-993-

ॐ सोमसंहत्यै स्वाहा

oṁ somasaṁhatyai svāhā
She who shines with the nectar of devotion

-994-

ॐ हिरण्यवर्णायै स्वाहा

oṁ hiraṇyavarṇāyai svāhā
She who has a golden color

-995-

ॐ हरिण्यै स्वाहा

oṁ hariṇyai svāhā
She who is like a deer

-996-

ॐ ह्रींकार्यै स्वाहा

oṁ hrīṁkāryai svāhā
She who is hrīṁ

-997-

ॐ हंसवाहिन्यै स्वाहा

oṁ haṁsavāhinyai svāhā
She who is carried by a swan

-998-

ॐ क्षौमवस्त्रपरीतांग्यै स्वाहा

oṁ kṣaumavastraparītāṁgyai svāhā
She who wears a linen garment

-999-

ॐ क्षीराब्धितनयायै स्वाहा

oṁ kṣīrābdhitanayāyai svāhā
She who was born from the ocean of consciousness

-1000-

ॐ क्षमायै स्वाहा

oṁ kṣamāyai svāhā
She who forgives all

-1001-

ॐ गायत्र्यै स्वाहा

oṁ gāyatryai svāhā
She who is sung of as the wisdom of the three

-1002-

ॐ सावित्र्यै स्वाहा

oṁ sāvitryai svāhā

She who is the daughter of the light of wisdom

-1003-

ॐ पार्वत्यै स्वाहा

oṁ pārvatyai svāhā

She who is daughter of the mountain

-1004-

ॐ सरस्वत्यै स्वाहा

oṁ sarasvatyai svāhā

She who is the goddess of knowledge

-1005-

ॐ वेदगर्भायै स्वाहा

oṁ vedagarbhāyai svāhā

She who is the womb of wisdom

-1006-

ॐ वरारोहायै स्वाहा

oṁ varārohāyai svāhā

She who illuminates boons

-1007-

ॐ श्रीगायत्र्यै स्वाहा

oṁ śrīgāyatryai svāhā

She who is sung of with respect as the wisdom of the three

-1008-

ॐ पराम्बिकायै स्वाहा

oṁ parāmbikāyai svāhā

She who is the supreme mother

ॐ नमः इति

oṁ namaḥ iti
and this is the end

इति गायत्रीसहस्रनामावल्याः स्वाहाकारः समाप्तः

iti gāyatrīsahasranāmāvalyāḥ svāhākāraḥ samāptaḥ
Thus ends the thousands names of the Goddess Gāyatrī

Books by Shree Maa and Swami Satyananda Saraswati

Annapurna Sahasranām
Before Becoming This
Bhagavad Gita
Chandi Path
Chandi Path - Study of Chapter One
Cosmic Puja
Devi Gita
Devi Mandir Songbook
Durga Puja Beginner
Ganesh Puja
Gāyatrī Sahasranām
Hanuman Puja
Kali Puja and Sahasranām
Lakṣmī Sahasranām
Sahib Sadhu, The White Sadhu
Shiva Puja Beginner
Shiva Puja and Advanced Yajna
Shree Maa Cookbook
Shree Maa: The Guru and the Goddess
Shree Maa: The Life of a Saint
Sundar Kanda
Swami Purana

CDs and Cassettes

Chandi Path
Dark Night Mother
Goddess is Everywhere
Lalita Trishati
Mahamrtyunjaya Mantra
Navarna Mantra
Om Mantra
Sadhu Stories from the Himalayas
Shiva is in My Heart
Shiva Puja Beginner (Instructional)
Shiva Puja & Advanced Yajna
Shree Maa in the Temple of the Heart
Shree Maa on Tour 1998
Songs of Ramprasad
Thousand Names of Kali

Videos

Across the States with Shree Maa & Swamiji
How to Draw the Yantra and Enkindle the Sacred Fire
In the news
Interviews with the Sadhus of India
Meaning and Method of Worship
Sadhana at the Jyoti Lingams
Shree Maa: Meeting a Modern Saint
Visiting India with Shree Maa and Swamiji

Please visit us at www.shreemaa.org
Our email is info@shreemaa.org

www.ingramcontent.com/pod-product-compliance
Lightning Source LLC
Chambersburg PA
CBHW021101080526
44587CB00010B/326
* 9 7 8 1 8 7 7 7 9 5 5 7 2 *